D1718644

Tom Rath | Barry Conchie

Führungsstärke

*Für Don Clifton (1924-2003), den Forschungspionier,
der sich vier Jahrzehnte lang mit den Stärken erfolgreicher
Führungskräfte beschäftigt hat.*

Tom Rath | Barry Conchie

Führungsstärke

Was erfolgreiche Führungskräfte auszeichnet

REDLINE | VERLAG

Bibliografische Information der Deutschen Nationalbibliothek:
Die Deutsche Nationalbibliothek verzeichnet diese Publikation in der Deutschen Nationalbibliografie;
detaillierte bibliografische Daten sind im Internet über http://d-nb.de abrufbar.

Für Fragen und Anregungen:

info@redline-verlag.de

8. Auflage 2019

© 2009 by Redline Verlag, ein Imprint der Münchner Verlagsgruppe GmbH
Nymphenburger Straße 86
D-80636 München
Tel.: 089 651285-0
Fax: 089 652096

Die englische Originalausgabe erschien 2008 bei Gallup Press unter dem Titel *Strengths Based Leadership*. © 2008 by Gallup, Inc. All rights reserved.
Gallup®, Clifton StrengthsFinder®, The Gallup Poll®, Gallup Press®, Q12®, StrengthsFinder®, and the 34 Clifton StrengthsFinder theme names are trademarks of Gallup, Inc. All other trademarks are property of their respective owners.

Übersetzung: J. T. A. Wegberg, Berlin
Redaktion: Ulrike Kroneck, Melle-Buer | Gallup GmbH Deutschland, Berlin
Satz: HJR, Manfred Zech, Landsberg am Lech
Druck: GGP Media GmbH, Pößneck
Printed in Germany

ISBN 978-3-86881-653-2

Weitere Informationen zum Verlag finden Sie unter

www.redline-verlag.de

Beachten Sie auch unsere weiteren Verlage unter www.m-vg.de

Inhaltsverzeichnis

Einleitung

Die besten Führungskräfte leben fort.

Denken Sie einen Moment an die Führungskräfte, die Sie respektieren – egal ob sie Länder, Unternehmen, Gemeinden oder Familien führen – und die fortleben, weil sie Ihre Denkweise und Überzeugungen geformt haben. Es mag Ihnen im Augenblick gar nicht bewusst sein, aber die effektivsten Führungskräfte ändern für immer den Verlauf Ihres Lebens.

Im Laufe Ihrer Karriere werden Sie vermutlich viele Gelegenheiten zum Führen bekommen. Wenn Sie in der Lage sind, diese Chancen zu ergreifen, dann wächst Ihr Einfluss immer weiter bis hin zu den nachfolgenden Generationen. Vielleicht ist es der Wunsch, der Welt einen nachhaltigen Impuls zu geben, der so viele von uns zur Führung drängt.

In einer Gallup-Umfrage[1] baten wir vor einiger Zeit die Teilnehmer, ihre eigenen Führungsqualitäten zu bewerten. Von 1.001 willkürlich befragten Personen hielten 97 Prozent ihre Führungsfähigkeiten für durchschnittlich oder besser. Und mehr als zwei Drittel sagten, dass sie schon mal eine Gruppe oder ein Team geführt hätten. Tatsache ist: Ob Sie nun im Konferenzraum, auf der Baustelle oder zu Hause das Kommando übernehmen, die Wahrscheinlichkeit ist hoch, dass Sie sich an irgendeinem Punkt Ihres Lebens in der Führungsrolle wiederfinden.

Was ist also das Geheimnis, um eine effektivere Führungskraft zu werden? Um diese Frage zu beantworten, versammelten wir eine Gruppe von Experten, welche die Gallup-Daten mehrerer Jahrzehnte zu diesem Thema durcharbeiten sollte, darunter über 20.000 Tiefeninterviews mit Top-Führungskräften, Studien über mehr als

---

[1] Gallup-Umfrage basierend auf Telefoninterviews mit 1.001 einheimischen erwachsenen Bürgern ab 18 Jahren, durchgeführt vom 2. bis 24. Januar 2006. Für die Ergebnisse dieser Stichprobe kann man mit 95-prozentiger Zuverlässigkeit eine Fehlerquote von plus/minus 3 Prozentpunkten zugrunde legen.

1 Million Arbeitsgruppen und 50 Jahre Gallup-Umfragen zu den meistbewunderten Führungskräften der Welt. Anschließend führte unser Team eine Studie mit über 10.000 Personen weltweit durch.[2] Darin baten wir die Befragten, uns mit eigenen Worten zu erzählen, warum sie sich von den einflussreichsten Führungspersönlichkeiten in ihrem Leben führen lassen.

Die Studie führte zu drei zentralen Erkenntnissen:

1. **Die effektivsten Führungskräfte investieren immer in Stärken.** Wenn es der Unternehmensführung nicht gelingt, sich auf die Stärken des Individuums am Arbeitsplatz zu konzentrieren, liegt die Wahrscheinlichkeit für die Einsatzbereitschaft des Mitarbeiters bei mageren 1 zu 11 (9 Prozent).[3] Richtet die Unternehmensführung dagegen ihr Augenmerk auf die Stärken ihrer Mitarbeiter, steigt die Wahrscheinlichkeit auf nahezu 3 zu 4 (73 Prozent). Das bedeutet also, wenn sich Führungskräfte auf die Stärken ihrer Mitarbeiter konzentrieren und in sie investieren, wächst die Wahrscheinlichkeit für die Einsatzbereitschaft jeder Person um das *Achtfache*. Wie wir in Teil I sehen werden, führt diese größere Einsatzbereitschaft zu einem substanziellen Zuwachs für den Unternehmensgewinn *und* für das Wohlbefinden jedes einzelnen Mitarbeiters.

2. **Die effektivsten Führungskräfte umgeben sich mit den richtigen Leuten und optimieren dann ihr Team.** Die besten Führungskräfte besitzen zwar nicht unbedingt ein vielseitiges Persönlichkeitsbild, dafür aber die besten Teams. Unsere Studie hat ergeben, dass Hochleistungsteams ihre Stärken in vier speziellen Bereichen haben. In Teil II beschreiben vier bekannte Führungskräfte, wie sich ihre Stärken in diesen Bereichen niederschlagen. Dort erfahren Sie auch, wie ein CEO sein bestehendes Team op-

---

[2] Gallup-Umfrage basierend auf Telefoninterviews mit 10.004 einheimischen erwachsenen Bürgern über 18 Jahren, durchgeführt von 2005 bis 2006. Für die Ergebnisse dieser Stichprobe kann man mit 95-prozentiger Zuverlässigkeit eine Fehlerquote von plus/minus 1 Prozentpunkt zugrunde legen.

[3] Gallup-Umfrage basierend auf Telefoninterviews mit 1.009 berufstätigen Erwachsenen über 18 Jahren, durchgeführt im Februar 2002. Für die Ergebnisse dieser Stichprobe kann man mit 95-prozentiger Zuverlässigkeit eine Fehlerquote von plus/minus 3 Prozentpunkten zugrunde legen.

timierte, und lernen die Unterschiede zwischen den von uns untersuchten Hochleistungsteams und allen übrigen kennen.

3. **Die effektivsten Führungskräfte verstehen die Bedürfnisse ihrer Mitarbeiter.** Die Menschen folgen Führungspersönlichkeiten aus sehr spezifischen Gründen. Bei der Befragung Tausender von Personen konnten diese sehr genau und mit bemerkenswerter Deutlichkeit beschreiben, was sie von einer Führungskraft erwarten. In Teil III werden wir die Ergebnisse dieser Studie untersuchen und Ihnen mehr über die vier grundlegenden Bedürfnisse von Menschen, die geführt werden, erzählen.

Damit Sie Ihre eigenen Führungsstärken kennenlernen, stellen wir Ihnen eine neue Version des Gallup StrengthsFinder zur Verfügung, die sich mit Ihren Stärken in Bezug auf Führung befasst (siehe unter »Arbeiten mit dem StrengthsFinder« im Kapitel »Zusätzliche Quellen«). Im Rahmen eines Online-Assesments erhalten Sie einen Bericht, der Ihnen zeigt, wie sich Ihre fünf wichtigsten Stärken in die vier Bereiche der Führungsstärken aus Teil II eingliedern. Dieser Bericht gibt Ihnen auch konkrete Anregungen, um die Grundbedürfnisse jener zu erfüllen, die von Ihnen geführt werden (siehe Teil III). Aber wie Sie von einigen der effektivsten Führungskräfte erfahren werden, die wir befragt haben, beginnt der Weg zu exzellenter Führung mit einem umfassenden Verständnis der eigenen Stärken.

Ihren persönlichen Zugangs-Code zum StrengthsFinder 2.0 finden Sie ganz am Ende dieses Buches.

Teil I:
In Ihre Stärken investieren

Wenn Sie Ihr Leben damit zubringen, überall gut sein zu wollen, werden Sie nirgends herausragend sein. Unser gesellschaftliches Umfeld ermuntert uns dazu, uns zu einer vielseitigen Persönlichkeit zu entwickeln, doch dieser Ansatz bringt unweigerlich Mittelmäßigkeit hervor. Und das wohl größte Missverständnis dabei ist die »vielseitige« Führungskraft.

Die meisten Unternehmen wünschen sich Führungspersönlichkeiten, die hervorragend kommunizieren können; visionäre Vordenker, die die Dinge anpacken und auch durchziehen. Jede dieser Eigenschaften ist wünschenswert und notwendig für den Erfolg eines Unternehmens. Aber von allen Führungskräften, die wir untersucht haben, wies keine überragende Stärken in *sämtlichen* Bereichen auf. Natürlich können manche Führungskräfte auf etlichen Gebieten den Durchschnitt erreichen oder übertreffen. Aber paradoxerweise sind jene, die überall kompetent sein wollen, letztlich die am wenigsten effektiven Führungskräfte.

Führen durch Nachahmung

Als Sarah Montagmorgen zur Arbeit fährt, hat sie ein flaues Gefühl im Magen. Sie freut sich nur selten auf den Beginn der Arbeitswoche, aber heute macht sie schon der bloße Gedanke ans Büro regelrecht krank. Während sie sich durch den Verkehr kämpft, denkt Sarah darüber nach, warum dieser spezielle Montag so besonders schlimm ist. Sie wundert sich darüber, denn der letzte Freitag war einer der besten Bürotage, den sie je hatte.

Als Sarah auf den Parkplatz einbiegt, fragt sie sich, warum das Ende der letzten Woche so angenehm war: Ihr Chef Bob war verreist. Das war die gute Nachricht. Die schlechte war, dass er *schon wieder* einen Kurs besucht hat, um eine bessere Führungskraft zu werden. Während Sarah den Parkplatz überquert, verkrampft sich ihr Magen noch mehr, denn sie erinnert sich an das letzte Mal, als Bob zu einem dieser Führungsseminare gegangen war.

Anfang des Jahres hatte Bob eine Konferenz besucht, bei der Lincolns Führungsstil während des Bürgerkriegs erörtert wurde. Wie zu erwarten verbrachte Bob nach seiner Rückkehr die nächsten Monate damit, jedem seiner Teammitglieder beibringen zu wollen, wie man »außergewöhnlich kommunikativ« wird. Bei der Erinnerung daran muss Sarah kichern, denn sie weiß noch, wie unbeholfen sich die Computerprogrammierer in ihrem Büro angestellt haben, die normalerweise lieber auf Tasten drücken als reden. Aber wie jede dieser Phasen von Bob kam auch diese glücklicherweise zu einem abrupten Ende, nachdem er ein Buch darüber gelesen hatte, dass die besten Führungskräfte bescheidene Persönlichkeiten seien. Also gab er es auf, Sarahs introvertiertere Kollegen zum nächsten Lincoln oder Kennedy aufbauen zu wollen.

Als Sarah das Gebäude betritt, muss sie zwangsläufig an Bobs Büro vorbei und wieder krampft sich ihr Magen zusammen. Wie aufs Stichwort winkt Bob sie herein. Widerwillig lehnt sich Sarah in den Rahmen der geöffneten Tür. Im Stillen fragt sie sich voller Zynismus, welches Menü heute auf dem Speiseplan steht. Aber um der Höflichkeit willen fragt sie Bob nach seinem Seminar.

Bob berichtet Sarah, wie friedlich und heiter es in dem kleinen Bergdorf war, wo die Veranstaltung stattgefunden hat, und dann kommt er zum Thema. »Meine größte Erkenntnis der letzten Woche war«, erklärt er, »dass wir alle mehr *Bereitschaft zur Veränderung* zeigen müssen, wenn unser Unternehmen wachsen soll.« Bob beugt sich vor, schaut Sarah ernst an und fährt fort: »Wir haben so eine Übung gemacht, wo jeder aufzeigen musste, wie schnell wir uns neuen Markttrends anpassen. Tja, genau wie bei den anderen stellte sich heraus, dass wir viel zu wenig Zeit dafür verwenden, uns auf große Veränderungen einzustellen. Wenn wir Branchenführer werden wollen, müssen wir den Wandel nicht nur *vorhersehen*, sondern besser noch selbst *hervorrufen*.« Bob schwadroniert noch zehn Minuten weiter, aber Sarah hat die Botschaft sofort erfasst: Das Führungs-Zauberwort der nächsten Wochen oder Monate lautet »Wandel«.

Als Sarah aus Bobs Büro herauskommt, kann sie sich schon das Gestöhne ihrer Kollegen ausmalen, wenn sie von dieser neusten Marotte hören. Und dann wird ihr etwas klar, was sie beinahe Mitleid für Bob empfinden lässt. Obwohl er einen Großteil seiner Karriere in Führungspositionen verbracht hat, konzentrierten sich die meisten Bemühungen ihres Chefs darauf, in die Fußstapfen anderer Führungspersönlichkeiten zu treten, von denen er gehört oder gelesen hat.

Das Regal in seinem Büro ist voll mit dicken Wälzern über berühmte Führungskräfte sowohl im politischen als auch im Unternehmensumfeld, ob verstorben oder lebendig. Wenn Bob Vorträge hält, zitiert er oft den CEO des Unternehmens und andere Führungspersönlichkeiten, die aus den Medien bekannt sind. Gelegentlich, meist bei Reden vor Managern und Führungskräften seines Unternehmens, erstellt er sogar »Hitlisten« all der Dinge, die er aus seinem Studium historischer Führungspersönlichkeiten und moderner Geschäftsführer gelernt hat. Er schildert, dass alle Führungskräfte einfühlsam, kreativ, diszipliniert, strategisch, bescheiden, entscheidungsfreudig und natürlich hochkommunikativ sein müssen.

Sarah stellt fest, dass Bob den Großteil seiner Karriere damit verbracht hat, genau so zu sein wie die Führungspersönlichkeiten, die er bewundert. Dabei hat er jedoch nicht realisiert, dass die Menschen, zu denen er aufblickt, alle sehr verschieden sind. Es gibt keine einzige Person, die auch nur die Hälfte der Eigenschaften auf Bobs ausführlicher Liste mit den Merkmalen vielseitiger Führungspersönlichkeiten verkörpert. Und was vielleicht am erstaunlichsten ist: Die Führungskraft, über die Bob am wenigsten weiß, ist *er selbst*.

Finden Sie Ihre Führungsstärken heraus

»Ich habe noch keine erfolgreiche Führungskraft getroffen,
die sich ihrer Talente nicht bewusst war und die nicht an ihrer
Entfaltung arbeitete.«

Wesley Clark, früherer Oberbefehlshaber der NATO,
im New York Times Magazine[4]

Ohne sich Ihrer Stärken bewusst zu sein, können Sie nicht erfolgreich führen. Jeder von uns führt auf ganz unterschiedliche Weise, entsprechend seiner Fähigkeiten und seiner Grenzen. Problematisch wird es erst, wenn wir glauben, genauso sein zu müssen wie die Führungskräfte, die wir bewundern. Damit sind wir nicht mehr authentisch und vernichten praktisch unsere Aussichten auf Erfolg.

Wenn Sie große historische Führungspersönlichkeiten wie Winston Churchill oder Mahatma Gandhi betrachten, werden Sie vielleicht mehr Unterschiede als Ähnlichkeiten bemerken – und es sind genau diese Unterschiede, die sie ausmachten und zum Erfolg führten. Churchills unverblümter und fordernder Führungsstil war erfolgreich, um eine vom Krieg verwüstete Nation zu mobilisieren. Es ist unwahrscheinlich, dass er mit Gandhis ruhigem und gemäßigtem Ansatz ebenso viel Erfolg gehabt hätte. Dennoch war Gandhis Führungsstil im Kampf Indiens um die Unabhängigkeit sehr viel erfolgreicher, weil er nicht versuchte, die herrschsüchtigen Führungspersonen der Vergangenheit nachzuahmen. Beide Männer kannten ihre Stärken und setzen sie weise ein.

Allzu häufig übersehen Führungskräfte das Offensichtliche, wenn es um einen Punkt von für sie entscheidender Wichtigkeit geht – ihre eigene Persönlichkeit. Viele politische und unternehmerische Führungskräfte verfügen über ein Selbstbild, das meilenweit von der

---

[4]   Solomon, D. (01.07.2007). Questions for Wesley K. Clark: Generally speaking (elektronische Version). *The New York Times Magazine.*

Wirklichkeit entfernt ist. Sie kennen einfach ihre eigenen Stärken und Schwächen nicht.

Das ist der Stoff, aus dem Parodien in Talkshows, Sitcoms, Filmen und Stand-up-Comedys gemacht werden. Und dieses Problem reicht weit über den Boss hinaus, der sich für lustig hält, obwohl seine Mitarbeiter nur aus Pflichtgefühl über seine Witze lachen. Die meisten Menschen hatten schon einmal mit einer Führungskraft zu tun, die sich einer eklatanten Schwäche absolut nicht bewusst war. Wir haben mit vielen Führungskräften gesprochen, die behaupteten, ihre Mitarbeiter besonders gut fördern zu können, wenn wir dann aber ihre Mitarbeiter dazu befragen, erzählen diese uns etwas ganz anderes. In einigen Fällen waren die fraglichen Chefs weitaus besser im Demoralisieren als im Fördern ihrer Leute. Im schlimmsten Fall führt dieser Mangel an Selbstwahrnehmung zu Scharen von demotivierten Angestellten, unglücklichen Kunden und unzumutbaren Belastungen über den Arbeitsplatz hinaus.

Prozentsatz jener Personen, die angeben, bei der Arbeit täglich das tun zu können, was sie am besten beherrschen. Grundlage: weltweite Kundendaten von Gallup 2007.

Und es gibt noch ein anderes ernstes Problem, wenngleich weniger offensichtlich, wenn Menschen führen wollen, ohne sich ihrer natürlichen Stärken bewusst zu sein. Leider finden nur wenige Menschen den Platz in ihrem Leben, an dem sie das größte Wachstumspotenzial entwickeln können. Eine Analyse des globalen Kundenstamms von Gallup aus dem Jahr 2007 erwies, dass die große Mehrheit der Menschen an ihrem derzeitigen Arbeitsplatz keine Gelegenheit hat, täglich das zu tun, was sie am besten können (siehe Abbildung S. 21). Dieses Problem betrifft Arbeitsplätze auf der ganzen Welt.

Genau dieses Problem veranlasste den verstorbenen Führungsforscher und Vater der Stärken-Psychologie Dr. Donald O. Clifton, die einzigartigen Stärken von Führungskräften zu untersuchen. Seit den sechziger Jahren führte Clifton gemeinsam mit seinen Kollegen von Gallup und aus der akademischen Welt über 20.000 Interviews mit Personen in Führungspositionen nahezu aller Branchen und Berufe, darunter auch ehemalige Staatslenker und andere globale Führungspersönlichkeiten.

Jedes dieser neunzigminütigen Interviews war sorgfältig strukturiert: Bei den meisten Interviews wurden den verschiedenen Führungskräften exakt die gleichen Fragen gestellt. Dadurch konnten ihre Antworten miteinander verglichen werden. Für viele Führungskräfte, die an dieser Studie teilnahmen, lagen Daten über ihre tatsächliche Leistung vor. So konnten Clifton und sein Team die besten Führungskräfte mit den weniger erfolgreichen vergleichen und dabei objektive Maßstäbe zugrunde legen.

Bei so eingehender Forschung sollte man annehmen, dass ein Team von Wissenschaftlern wenigstens eine Stärke findet, die allen Top-Führungskräften gemein ist. Doch als Clifton wenige Monate vor seinem Tod im Jahr 2003 gefragt wurde, welches seine größte Entdeckung in drei Jahrzehnten Führungsforschung gewesen sei, antwortete er:

> *Eine Führungskraft muss ihre Stärken kennen wie ein Schreiner seine Werkzeuge oder eine Ärztin ihre Instrumente. Was gute Führungskräfte gemeinsam haben, ist, dass sie ihre Stärken*

wirklich kennen – und zum richtigen Zeitpunkt die richtige Stär-
ke einsetzen können. Deshalb gibt es keine allgemeingültige
Liste von Charakteristika, die auf alle Führungspersönlichkeiten
zutrifft.

Um angehenden Führungskräften beim Identifizieren ihrer Stärken zu helfen, schufen Clifton und sein Team ein webbasiertes Programm namens »StrengthsFinder«.[5] Sie haben die Möglichkeit, eine neue Leadership-Version dieses StrengthsFinder-Programms als
Bestandteil des vorliegenden Buches zu erhalten. Diese neue Version hilft Ihnen nicht nur, Ihre eigenen Führungsstärken zu entdek-
ken, sondern zeigt Ihnen auch verschiedene Strategien, um andere
Menschen auf der Grundlage *ihrer* spezifischen Stärken zu führen.
Wie die Abbildung unten zeigt, können Sie das Engagement innerhalb Ihres Unternehmens drastisch erhöhen, wenn Sie den von Ihnen geführten Menschen helfen, sich auf ihre Stärken zu konzentrieren.[6]

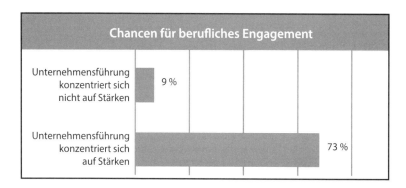

<hr />

[5]   Asplund, J., Lopez, S. J., Hodges, T. und Harter, J. (Februar 2007). *The Clifton StrengthsFinder 2.0 technical report: Development and validation,* Omaha.

[6]   Gallup-Umfrage basierend auf Telefoninterviews mit 1.009 berufstätigen Erwachsenen ab 18 Jahren, durchgeführt im Februar 2002. Für die Ergebnisse dieser Stichprobe kann man mit 95-prozentiger Zuverlässigkeit eine Fehlerquote von plus/minus 3 Prozentpunkten zugrunde legen.

Eine langfristige Investition

Ein Geschäftsführer fasste es so zusammen: »Wenn man sich nur auf die Schwächen der Leute konzentriert, verlieren sie ihr Selbstvertrauen.« Grundsätzlich ist es schwierig, Selbstbewusstsein aufzubauen, wenn wir die Aufmerksamkeit auf unsere Mängel statt auf unsere Stärken richten. Im vergangenen Jahrzehnt haben Gallup-Forscher sehr viel detaillierter die Mechanismen untersucht, mit denen ein stärkenorientierter Ansatz unser Leben beeinflusst. Diese Studien haben gezeigt, dass Menschen signifikant an Selbstvertrauen hinzugewannen, wenn sie das StrengthsFinder-Programm anwendeten und mehr über ihre Stärken herausfanden. Dieser Zuwachs an Selbstbewusstsein auf einer individuellen Ebene mag erklären, wie das auf Stärken basierende Programm persönliche Einsatzbereitschaft und Produktivität eines gesamten Unternehmens fördern kann.[7]

Das Bewusstsein der eigenen Stärken und das daraus erwachsende verbesserte Selbstwertgefühl können auch längerfristige Auswirkungen haben, wie eine Meilenstein-Studie des Jahres 2008 beweist, die Tim Judge von der University of Florida durchführte.[8] Judge und seine Kollegin Charlice Hurst untersuchten die persönliche Entwicklung von 7.660 Männern und Frauen, die zum Zeitpunkt der ersten Studie im Jahr 1979 zwischen 14 und 22 Jahren alt waren. Diese 7.660 Teilnehmer wurden über die nächsten 25 Jahre begleitet, und die Untersuchung (bei der Fragen zum Karriereerfolg, zum beruflichen Status, zu Bildung und Gesundheit gestellt wurden) wurde im Jahr 2004 wiederholt.

Judge und Hurst bezogen aus dieser 25-jährigen Langzeitstudie tiefgehende Einsichten. Sie fanden heraus, dass Personen, die im Jahr 1979 ein größeres Selbstbewusstsein besaßen, 2004 höhere Einkommen und berufliche Zufriedenheit erzielten. Noch überraschender

---

7 Hodges, T. D., Clifton, D. O. (2004). Strengths-based development in practice. In: P. A. Linley und S. Joseph (Hrsg.), *Positive psychology in practice*, S. 256-268, Hoboken.

8 Judge, T. A. und Hurst, C. (2008). How the rich (and happy) get richer (and happier): Relationship of core self-evaluations to trajectories in attaining work success. *Journal of Applied Psychology*, 93, S. 849–863.

war jedoch die Tatsache, dass das Einkommen von Menschen mit gutem Selbstvertrauen im Jahr 1979 auf einem ganz anderen Level wuchs als das von Teilnehmern mit eher geringerem Selbstwertgefühl.

Die Personen, die in jüngeren Jahren (zwischen 14 und 22) mehr Vertrauen in ihre Fähigkeiten besaßen, begannen mit einem etwas höheren Einkommensniveau – im Durchschnitt (in 1979) 3.496 Dollar mehr pro Jahr – als die Gruppe mit niedrigem Selbstvertrauen. Dieser Graben vergrößerte sich Jahr für Jahr. Als die Wissenschaftler Folgeuntersuchungen aus dem Jahr 2004 betrachteten, verdiente die Gruppe mit höherem Selbstbewusstsein jährlich durchschnittlich 12.821 Dollar mehr als die Gruppe mit niedrigerem Selbstbewusstsein. Die selbstbewussteren Personen aus dem Jahr 1979 profitierten kontinuierlich Jahr für Jahr von ihren überproportionalen Gewinnen.

Doch was Judge und Hurst außer dem Nutzen für Einkommen und Karriere über die Verbindung zwischen frühzeitig gestärktem Selbstvertrauen und körperlicher Gesundheit herausfanden, mag eine noch größere Überraschung sein. Bei der Frage nach gesundheitlichen Problemen im Zusammenhang mit ihrer Arbeit klagte die Gruppe, die sich 1979 mit dem niedrigen Selbstwertgefühl darstellte, 25 Jahre später im Jahr 2004 nahezu *dreimal so häufig* über gesundheitliche Probleme. Und es ist kaum zu glauben, aber die Gruppe, die 1979 über ein höheres Selbstbewusstsein verfügt hatte, wies im Jahr 2004 *weniger* gesundheitliche Probleme auf als 25 Jahre zuvor!

Die Ergebnisse dieser Studie zeigen, dass Menschen, die sich schon in jungen Jahren ihrer Stärken bewusst sind und Selbstbewusstsein entwickeln, einen »kumulativen Vorteil« daraus entwickeln können, der ihr Leben lang weiterwächst.[9] Eine vorausgehende Gallup-Studie (die dieselbe Längsschnittanalyse verwendete wie Judge und Hurst) zeigt, dass Personen, die ihre Stärken am Arbeitsplatz einset-

---

[9]   DiPrete, T. A. und Eirich, G. M. (2006). Cumulative advantage as a mechanism for inequality: A review of theoretical and empirical developments. *Annual Review of Sociology,* 32, S. 271–297.

zen können, ähnliche Vorteile erzielen. Unser Forschungsteam fand heraus, dass Menschen, die schon in jungen Jahren die Gelegenheit zum Einsatz ihrer Stärken erhielten (zwischen 15 und 23 Jahren), 26 Jahre später eine signifikant höhere Arbeitszufriedenheit und ein höheres Einkommensniveau aufwiesen.

Diese Ergebnisse betonen einmal mehr den Wert der Einsicht in die eigenen Stärken für Führungskräfte und zeigen auch, wie wichtig es für Vorgesetzte ist, anderen so früh wie möglich bei der Entdeckung ihrer Stärken zu helfen. Wenn die Unternehmensführung in der Lage ist, jeden Einzelnen bei der Entwicklung dieses kumulativen Vorteils zu unterstützen, wird sie mit hoher Wahrscheinlichkeit ein rascheres individuelles *und* unternehmerisches Wachstum bewirken. Darüber hinaus zeigt diese Studie einen Mechanismus, der einem wirklich auf Stärken basierenden Unternehmen über Jahrzehnte hinweg ein wesentlich stärkeres Wachstum ermöglicht.

Teil II:
Das Team optimieren

Erfolgreiche Führungskräfte umgeben sich mit den richtigen Leuten und bauen auf die Stärken jedes Einzelnen. In den meisten Fällen sind Führungsteams allerdings eher Zufallsprodukte als die Ergebnisse sorgsamer Gestaltung. Bei den Führungsteams, die wir untersuchten, waren die Mitglieder in erster Linie aufgrund von Wissen oder Kompetenz ausgewählt oder befördert worden. Der beste Verkäufer wird also Verkaufsleiter, selbst wenn er Mitarbeiter eigentlich nicht besonders gut führen kann. Der cleverste IT-Mitarbeiter wird zum Leiter der Informationstechnologie, der beste Finanzexperte zum Chef des Finanzwesens und so weiter.

Nur selten werden Menschen für ein Führungsteam ausgewählt, weil ihre Stärken am besten mit denen der vorhandenen Teammitglieder korrespondieren. Wann haben Sie das letzte Mal eine Führungskraft sagen hören, dass Ihr Team jemanden bräuchte, der nicht nur die technische Kompetenz hat, sondern auch einen stärkeren Gruppenzusammenhalt aufbauen kann? Oder jemanden, der zum Nutzen des gesamten Teams Einfluss auf andere nehmen kann? In den allermeisten Fällen rekrutieren wir aufgrund der beruflichen Funktion – und vernachlässigen dabei die individuellen Stärken.

Was noch viel schlimmer ist: Wenn Führungskräfte aufgrund von Stärken auswählen, entscheiden sie sich viel zu oft für Personen, die genauso handeln, denken oder sich verhalten wie sie selbst, wenn auch in den meisten Fällen unabsichtlich. Das ist ein uraltes Dilemma. Wie kann ein Unternehmen wachsen, sich anpassen und verändern, wenn ein dominanter CEO immer wieder Leute auswählt, die ihm zustimmen und deren Hintergrund und Persönlichkeit den seinen ähnlich sind?

In einem Gallup-Interview äußerte der israelische Ministerpräsident Shimon Peres seine Ansicht zu diesem Thema:[10]

> *Sie müssen das Potenzial einer Person berücksichtigen, nicht ihr Auftreten. Und wenn Sie verborgene Potenziale aufspüren kön-*

---

[10]   Gallup-Leadership-Interview mit Shimon Peres am 21. Februar 1999.

nen, macht das möglicherweise einen großen Unterschied für Ihr Unternehmen. Sie müssen zwischen Loyalität und Brillanz unterscheiden. Die meisten Führungskräfte ziehen Loyalität der Brillanz vor; sie haben Angst davor, untergraben zu werden. Ich sehe das anders.

Im Folgenden schilderte Peres, wie wichtig es ihm ist, talentierte Personen in seine Führungsteams zu holen und ihnen bei der Entdeckung ihrer persönlichen Stärken zu helfen.

Was macht ein gutes Führungsteam aus?

Im Laufe der Jahre hat Gallup Tausende von Vorstandsteams untersucht. In den meisten Fällen führen unsere Berater ein Tiefeninterview mit der direkten Führungskraft des Teams durch (im Allgemeinen mit dem CEO) und befragen auch jedes einzelne Mitglied des Führungsteams. Dadurch können wir die Stärken jeder Person am Tisch miteinander vergleichen und die individuelle Entwicklung und Nachfolgeplanung jedes Einzelnen betrachten – und, was vielleicht am wichtigsten ist, wie sich das Team als Ganzes darstellt.

Bei unserer Arbeit mit diesen Führungsteams stellten wir fest, dass zwar jedes Mitglied seine eigenen einzigartigen Stärken besitzt, doch die engsten und erfolgreichsten Teams über eine breitere Streuung von Stärken verfügten. Deshalb gingen wir einen Schritt zurück und nahmen die bisher gründlichste Überarbeitung dieser Studie vor. Aus diesen Daten ergaben sich vier verschiedene Kategorien von Führungsstärken: Durchführung, Einflussnahme, Beziehungsaufbau und Strategisches Denken.

Diese Kategorien scheinen sehr allgemein gefasst zu sein, besonders wenn man sie mit den spezifischen Themen im Strengths-Finder vergleicht (über den Sie im Kapitel »Zusätzliche Quellen« mehr erfahren können), doch uns schienen diese weiter gefassten Stärkenkategorien nützlich zu sein, um herauszufinden, wie Führungspersönlichkeiten ihren Beitrag zu einem Team leisten können.

Eine detailliertere Auswahl mag für die individuelle Entwicklung das Beste sein, aber diese generellen Bereiche bieten einen stärker praxisorientierten Einblick in die Zusammensetzung von Teams.

Die vier Kategorien der Führungsstärke
Durchführung **Einflussnahme** **Beziehungsaufbau** **Strategisches Denken**

Wir stellten fest, dass es einem Team guttut, wenn seine Stärken in jeder dieser vier Kategorien repräsentiert werden. Anstelle einer dominanten Führungspersönlichkeit, die sich bemüht, alles gleichzeitig zu realisieren, oder verschiedener Individuen, die alle ähnliche Stärken haben, schaffen Anteile aller vier Kategorien ein starkes und eng verbundenes Team. *Individuen brauchen nicht vielseitig zu sein, aber Teams sollten es sein.*

Das heißt nicht, dass jede Person in einem Team ihre Stärken ausschließlich in einer einzelnen Kategorie haben muss. In den meisten Fällen weist jedes Teammitglied Stärken in mehreren Bereichen auf. Ein Werkzeug wie der StrengthsFinder kann nützlich sein, um festzustellen, wie alle Teammitglieder ihren Beitrag zu den gemeinsamen Gruppenzielen optimieren können. Unsere jüngsten Forschungen haben ergeben, dass die 34 Talentthemen des StrengthsFinders sich ganz natürlich in diese vier Kategorien von Führungsstärken einordnen. Das ließ sich durch eine statistische Faktorenanalyse sowie eine objektive Bewertung der besten Gallup-Wissenschaftler belegen (die untenstehende Tabelle zeigt, wie sich die 34 Talentthemen auf die vier Kategorien von Führungsstärken verteilen). Wenn Sie wissen möchten, was Sie zu einem Team beitragen können und mit wem Sie sich umgeben müssen, ist dies ein guter Ausgangspunkt.

Durchführung (Executing)	Einflussnahme (Influencing)	Beziehungsaufbau (Relationship Building)	Strategisches Denken (Strategic Thinking)
Personen mit Stärken im Bereich der Durchführung verfügen über die Fähigkeit, eine Idee zu erfassen und zu realisieren.	Personen mit Stärken in diesem Bereich übernehmen Verantwortung, sagen ihre Meinung und stellen sicher, dass ihnen und/oder ihrer Gruppe Gehör verschafft wird.	Personen mit Stärken in diesem Bereich verfügen über die einzigartige Fähigkeit, feste Beziehungen aufzubauen. Sie schaffen Gruppen und Organisationen, die weitaus mehr sind als die Summe ihrer einzelnen Mitglieder.	Personen mit Stärken in diesem Bereich schärfen kontinuierlich unseren Blick für die Zukunft. Sie nehmen kontinuierlich Informationen auf und analysieren diese, damit gezielte Entscheidungen getroffen werden können.
Arrangeur (Arranger)	Autorität (Command)	Anpassungsfähigkeit (Adaptability)	Analytisch (Analytical)
Behutsamkeit (Deliberative)	Bedeutsamkeit (Significance)	Bindungsfähigkeit (Relator)	Ideensammler (Input)
Disziplin (Discipline)	Höchstleistung (Maximizer)	Einfühlungsvermögen (Empathy)	Intellekt (Intellection)
Fokus (Focus)	Kommunikationsfähigkeit (Communication)	Einzelwahrnehmung (Individualization)	Kontext (Context)
Gleichbehandlung (Consistency)	Kontaktfreudigkeit (Woo)	Entwicklung (Developer)	Strategie (Strategic)
Leistungsorientierung (Achiever)	Selbstbewusstsein (Self-Assurance)	Harmoniebestreben (Harmony)	Vorstellungskraft (Ideation)
Verantwortungsgefühl (Responsibility)	Tatkraft (Activator)	Integrationsbestreben (Includer)	Wissbegier (Learner)
Wiederherstellung (Restorative)	Wettbewerbsorientierung (Competition)	Positive Einstellung (Positivity)	Zukunftsorientierung (Futuristic)
Überzeugung (Belief)		Verbundenheit (Connectedness)	

Führungskräfte mit vorherrschenden Stärken im Bereich **Durchführung** wissen, wie man die Dinge ins Rollen bringt. Wenn jemand benötigt wird, der Lösungen umsetzt, sind sie die Richtigen, um unermüdlich dafür zu arbeiten. Führungspersönlichkeiten mit Talent in der Durchführung besitzen die Fähigkeit, eine Idee zu erfassen und umzusetzen.

So könnte beispielsweise eine Führungskraft besonders gut bei der Einführung eines Qualitätsprozesses sein und dafür Talente wie Behutsamkeit oder Disziplin einsetzen, während eine andere ihr Talent zur Leistungsorientierung verwendet, um unermüdlich auf ein Ziel hinzuarbeiten. Oder ein guter Arrangeur könnte festlegen, welche Personen zur Durchführung einer Aufgabe optimal zusammenarbeiten.

Wer durch **Einflussnahme** führt, verschafft seinem Team ein wesentlich breiteres Publikum. Personen mit Stärken in dieser Kategorie können die Ideen des Teams innerhalb und außerhalb des Unternehmens gut verkaufen. Wenn Sie jemanden brauchen, der die Regie übernimmt, als Sprachrohr fungiert und Ihrer Gruppe Gehör verschafft, suchen Sie jemanden mit Talenten im Bereich Einfluss.

Eine Führungskraft mit viel Autorität oder Selbstbewusstsein zum Beispiel macht möglicherweise nicht viel Worte, aber ihre Zuversicht wird ihr dabei helfen, weiterhin den Respekt und das Vertrauen ihrer Mitarbeiter zu behalten. Ebenso kann ein Vorgesetzter mit Kommunikationsfähigkeit und Kontaktfreudigkeit dafür sorgen, dass sich die einzelnen Personen im Team wohl fühlen und eine innere Verbundenheit mit dem jeweiligen Thema herstellen.

Wer anhand von Talentthemen im Bereich **Beziehungsaufbau** führt, liefert die grundlegenden Strukturen, die ein Team zusammenhalten. Ohne ein solches Talent ist ein Team in vielen Fällen lediglich eine Gruppe von Individuen. Führungskräfte mit besonderen Stärken im Beziehungsaufbau dagegen besitzen die einzigartige Fähigkeit, Gruppen und Organisationen aufzubauen, die viel mehr sind als die Summe ihrer einzelnen Bestandteile.

In dieser Kategorie kann ein Chef mit Enthusiasmus und Harmoniestreben viel dazu beitragen, Ablenkungen zu minimieren und die kollektive Energie des Teams auf einem hohen Niveau zu halten. Eine Führungskraft mit Einzelwahrnehmung dagegen wird einen eher zielgerichteten Ansatz verfolgen, um die Leute mit einzubeziehen.

Verfügt jemand über ein ausgeprägtes Talent in Sachen Vorstellungskraft und Entwicklung, kann er ein hervorragender Mentor sein und sehr gut darin, andere in die richtige Richtung zu lenken, indem er sie zu höheren und besseren Leistungen anspornt.

Führungskräfte mit besonderen Stärken im **Strategischen Denken** halten uns immer wieder vor Augen, was alles *sein könnte*. Sie nehmen pausenlos Informationen auf, verarbeiten sie und helfen dem Team, bessere Entscheidungen zu treffen. Menschen mit Talenten in diesem Bereich richten unser Streben kontinuierlich auf die Zukunft aus.

In diesem Bereich kann eine Führungspersönlichkeit mithilfe von Kontext und Strategie erklären, wie vergangene Ereignisse die gegenwärtigen Umstände beeinflusst haben oder den besten Weg zu künftigen Möglichkeiten aufzeigen. Ein Ideensammler mit viel Enthusiasmus kann vielleicht in den von ihm bearbeiteten Informationen zahllose Wachstumschancen erkennen. Und wer über analytisches Talent verfügt, kann dem Team dazu verhelfen, die Details von Ursache und Wirkung zu ergründen.

Führungsstärken in der Anwendung

In den vergangenen Jahren haben wir Führungspersönlichkeiten untersucht, die hervorragende Schulen gegründet, bedeutende Non-Profit-Organisationen ins Leben gerufen, große Unternehmen geführt und ganze Nationen verändert haben. Aber keine zwei davon besaßen exakt dieselben Top-Talentthemen. Es kann sein, dass zwei verschiedene Führungskräfte identische Erwartungen haben, doch auf welchem Weg sie ihre Ziele erreichen, hängt immer von der individuellen Kombination ihrer Stärken ab.

Um Ihnen zu zeigen, wie unterschiedlich erfolgreiche Führungsstrategien sein können, baten wir einige der besten Führungspersönlichkeiten, mit denen wir Interviews durchgeführt haben, uns ihre Talente zu enthüllen und ihre Geschichten zu erzählen. Wir haben vier davon ausgewählt – jede davon repräsentiert eine der vier Kategorien von Führungsstärken, und Sie werden feststellen, dass sie über jeweils mehrere der zugeordnete Talente verfügen.

In den folgenden vier Abschnitten erfahren Sie, wie diese Führungskräfte ihre vorherrschenden Talente für das Unternehmenswachstum eingesetzt haben. Sie lernen die Gründerin und CEO einer der
legendärsten Non-Profit-Organisationen des vergangenen Jahrhunderts kennen, den Chef einer der angesehensten Marken aller Zeiten,
den Vorstandsvorsitzenden einer der weltgrößten Banken und den
Geschäftsführer des größten Elektro-Einzelhandelsunternehmens
der Welt. Mit jeder dieser Geschichten werden Sie erkennen, wie unterschiedlich vier Führungspersönlichkeiten sein können, selbst in
den obersten Vorstandsetagen.

Durchführung

Talentthemen der Kategorie Durchführung

Leistungsorientierung	Gerechtigkeit	Fokus
Arrangeur	Behutsamkeit	Verantwortungsgefühl
Überzeugung	Disziplin	Wiederherstellung

Wendy Kopp

Gründerin und CEO von Teach For America

Die fünf Top-Talentthemen
Leistungsorientierung*
Wettbewerbsorientierung
Verantwortungsgefühl*
Vorstellungskraft
Strategie

*Talent der Kategorie Durchführung

Während ihres letzten Semesters an der Princeton University machte
Wendy Kopp sich darüber Gedanken, was sie nach ihrem Abschluss

tun sollte. Nichts lag ihr dabei ferner, als ein eigenes Unternehmen zu gründen, geschweige denn eine landesweite Bewegung ins Leben zu rufen. Doch als sie Ende 1988 nach einem Thema für ihre Dissertation suchte, gab es ein bestimmtes Gebiet, das Kopps Interesse erweckte: Chancengleichheit in der Ausbildung.

Während ihrer Zeit in Princeton waren Kopp zwei unterschiedliche und voneinander abweichende Studentengruppen aufgefallen, die sich sogar innerhalb einer derartig elitären Einrichtung sichtbar voneinander unterschieden.[11] Die eine Gruppe bestand aus Studenten, die erstrangige Ostküsten-Eliteschulen besucht hatten und ihre Princeton-Erfahrungen häufig als »Spaziergang« bezeichneten. Die andere Gruppe setzte sich aus Studenten zusammen, die staatliche Schulen besucht hatten und denen es nicht leichtfiel, die akademischen Anforderungen der Ivy-League-Universität zu erfüllen. Wenn das schon in Princeton so übel aussah, dachte sich Kopp, musste die Ungleichheit doch in anderen Teilen des Landes noch viel größer sein.

Sie versammelte eine Gruppe von Kommilitonen, um mit ihnen das umfassende Thema zu diskutieren, warum es den meisten jungen Menschen so schwerfiel, eine angemessene Ausbildung zu bekommen. Bei diesen Treffen äußerten die Studenten immer wieder ihr Interesse am Lehrberuf, aber sie beklagten auch, dass herausragenden Studierenden keinerlei Anreiz für diesen Beruf geboten werde, insbesondere in städtischen Regionen, wo der Bedarf am größten war.

Bei einem dieser Treffen kam Kopps Verantwortungsgefühl zum Vorschein. Sie hatte das Bedürfnis zu handeln und dachte darüber nach, wie sie dieses gravierende Problem in den Griff bekommen könnte. Stark inspiriert vom Peace Corps, das 1961 von Präsident John F. Kennedy ins Leben gerufen worden war, entschloss sich Kopp, ein nationales Lehrerkorps zu gründen. Wie viele andere idealistische junge Leute schrieb Wendy Kopp einen Brief an den damaligen Präsidenten George W. Bush und schlug ihm die Gründung eines solchen Korps vor. Ihre Empfehlung lautete, Collegeabgängern die Möglichkeit zu geben, sich für zwei

---

[11] Kopp, W. (2001). *One day, all children … : The unlikely triumph of Teach For America and what I learned along the way*, New York.

Jahre dazu zu verpflichten, in unterprivilegierten Regionen zu unterrichten. Auf ihre Idee erhielt Kopp nie eine Reaktion aus dem Weißen Haus.

Ihr nächster Schritt jedoch sollte diese großartige Idee von den Millionen guter Einfälle unterscheiden, die niemals Wirklichkeit werden: Die hochgradig leistungsorientierte und pragmatische Studentin entschied sich, *selbst* ein nationales Lehrerkorps auf die Beine zu stellen. So machte sie nicht nur die Chancengleichheit in der Ausbildung zum Thema ihrer Doktorarbeit, sondern stellte auch Nachforschungen darüber an, wie es ihr gelingen könnte, ein solches nationales Lehrerkorps ins Leben zu rufen. Sie arbeitete die Empfehlungen durch, die Präsident Kennedy zur Gründung des Peace Corps erhalten hatte. Dabei fand sie ein Schreiben von einem der Ratgeber Kennedys, in dem er ein Minimum von 500 Personen (am Tag eins) für notwendig erachtete, um die Dringlichkeit und die nationale Bedeutung deutlich zu machen. Dieses Schreiben war eine Inspiration für Kopps unglaublich ehrgeiziges Ziel: Sie würde im ersten Jahr 500 neue Korpsmitglieder finden, um ihren Traum vom nationalen Lehrerkorps Wirklichkeit werden zu lassen.

Als Kopp durchrechnete, was es kosten würde, all diese hochqualifizierten Studenten zwei Jahre lang ehrenamtlich arbeiten zu lassen, kam sie auf einen Betrag von mindestens 2,5 Millionen Dollar nur für das erste Jahr, um ihr Projekt anzustoßen. Sie wusste, dass dies ein hoch gestecktes Ziel war, aber sie empfand eine unmittelbare Verantwortung für das Projekt. Als Kopp ihrem Doktorvater gegenüber diese Zahl erwähnte, rief er: »Wissen Sie überhaupt, wie schwer es ist, auch nur 25.000 Dollar zusammenzubekommen?« Kopp wusste es eigentlich nicht so genau, aber sie würde es schon herausfinden.

Kopp begann damit, ihr Kernteam zusammenzustellen – für die Rekrutierung, die Schulung und das Erreichen ihres aggressiven Spendenziels. Obwohl es viel Überzeugungsarbeit brauchte, verpflichtete sie einige der hellsten Köpfe aus ihrem Bekanntenkreis, sich an diesem unterfinanzierten Start-up zu beteiligen. Während der kommenden zwölf Monate stand Kopps Führungsteam vor einer Reihe außergewöhnlicher Herausforderungen und war oft genug kurz davor aufzugeben. Aber wer eine starke Leistungsorientierung hat, gibt selten auf.

Um die Sache noch zu erschweren, wollte Kopp zwar mit 500 Lehrern an den Start gehen, aber keineswegs jeden Bewerber annehmen. Sie wollte, dass das neue Programm namens »Teach For America« eine sorgfältige Auswahl traf. Das bedeutete, die Organisation musste über 2.500 Bewerber rekrutieren, befragen und selektieren, um die 500 besten und brillantesten Hochschulabgänger zu finden. Kopp war der Meinung, dass ihre Organisation die Verantwortung dafür trägt, nur solche Absolventen anzunehmen, die ihren Schulen auch wirklich unmittelbare Impulse geben konnten.

Diese Reihe von besorgniserregenden Schwierigkeiten stellte für Wendy Kopps außergewöhnliche Zielstrebigkeit und Tatkraft kein Hindernis dar. Im April 1990, ein Jahr nach ihrer Dissertation in Princeton, versammelten sich die ersten 500 Mitglieder von Teach For America zu einer Einführungsveranstaltung an der University of Southern California. Kopp hatte es geschafft, 2,5 Millionen Dollar an Spendengeldern aufzubringen *und* die Organisation aus dem Nichts aufzubauen – in einem einzigen Jahr.

Und dann, als folgten die Ereignisse einfach dem Drehbuch ihrer Doktorarbeit, nahm die Nation endlich Notiz von ihrem kühnen Unterfangen. Ihre Leistungen wurden in *Good Morning America* und im *Time Magazine* gewürdigt. Die *New York Times* titelte: »Princeton-Studenten schaffen Peace Corps zur Ausbildung von Lehrern.«[12] Das erste Jahr von Teach For America war ein beachtlicher Erfolg, aber Kopp wusste, dass sie die Organisation auch am Leben erhalten und zu langfristigem Erfolg führen musste.

Im Jahr 2008 fragten wir bei Wendy Kopp nach, um zu sehen, wie sich Teach For America fast zwei Jahrzehnte nach seiner Gründung entwickelt hatte.[13] Beim Betreten der New Yorker Hauptniederlassung fiel uns auf, dass die Büros immer noch die Atmosphäre eines kleinen Start-ups hatten, das die Welt verändern will. Überall im Gebäude eilten junge Leute durch die winzigen Büroräume mit Sperr-

---

[12] Chira, S. (20.06.1990). Princeton student's brainstorm: A peace corps to train teachers (elektronische Version). *The New York Times.*

[13] Gallup-Leadership-Interview mit Wendy Kopp am 25. Januar 2008.

holzschreibtischen. Die Heißwasserboiler in den Toiletten fungierten gleichzeitig als Klopapierhalter. Auch im Jahr 2008 ließ nichts an der bescheidenen Ausstattung von Teach For America darauf schließen, dass es sich hier um eins der erfolgreichsten Start-ups des vergangenen Jahrhunderts handelte.

Als wir uns mit Kopp zusammensetzten, wurde deutlich, dass ihre überragende Leistungsbereitschaft immer noch auf höchster Stufe rangierte. Sie erwartete in wenigen Tagen ihr viertes Kind, doch für sie war es ein ganz normaler Arbeitstag bei Teach For America. Trotz offensichtlichen Unwohlseins machte sie keine Anstalten, das Tempo zu verringern. Der Ausdruck ihrer Augen und die Leidenschaftlichkeit in ihrer Stimme bewiesen, dass sie nicht ganz zufrieden war mit dem Verlauf der Dinge.

Kopp schilderte, wie schwierig es gewesen sei, ein Unternehmen aufzubauen, das jetzt einen stabilen und soliden Zufluss von Spenden und Bewerbern verzeichnete. Ihre größte Herausforderung bezeichnete sie lapidar als »Talentsuche«. Um das Wachstum der Organisation zu sichern, musste Kopp die besten Lehrer, Spendensammler und Führungskräfte für die Zukunft um sich versammeln. Dabei war Talent das entscheidende Element, weil es, um mit ihren eigenen Worten zu sprechen, »alle anderen Probleme löst«.

Unser Gespräch machte deutlich, dass Kopp die richtigen Leute gefunden hat – sowohl um Teach For America auszubauen als auch um der gesamten Nation einen neuen Impuls zu geben. Auf unsere Frage nach den Ergebnissen all dieser harten Arbeit sagte Kopp, das Spendenziel ihrer Organisation für das laufende Jahr liege bei kolossalen 120 Millionen Dollar. Außerdem habe Teach For America im vergangenen Jahr über 25.000 Bewerber gehabt und gelte nun als einer der wählerischsten und angesehensten Arbeitgeber der Vereinigten Staaten, selbst für Absolventen der Ivy League. 2005 bewarb sich jeder achte Yale-Abgänger um eine Stelle bei Teach For America.[14] Jedes

---

[14] Lewin, T. (02.10.2005). Top graduates line up to teach to the poor (elektronische Version). *The New York Times.*

Jahr schlagen Tausende Studenten sechsstellige Gehälter bei renommierten Unternehmen wie General Electric und Goldman Sachs aus, um zwei Jahre lang an einer städtischen Schule zu unterrichten.

Ein möglicherweise noch größeres Vermächtnis sind die zukünftigen Gemeindevorstände, die sich aus den Teach-For-America-Ehemaligen herausbilden. Viele der brillantesten jungen Politiker, Geschäftsleute und Schulleiter von heute hatten ihre Anfänge in Kopps Organisation. Wir sprachen mit einem ehemaligen Mitglied aus Washington, D.C., der erklärte, dass die Leiterin des städtischen Schulamts sowie die Hälfte ihrer Mitarbeiter früher bei Teach For America gewesen seien. Als wir Kopp nach dem Führungsvermächtnis fragten, das sie einmal hinterlassen wird, wurde dennoch deutlich, dass sie diese Frage noch eingehend erörtern muss. Vielleicht war sie zu sehr damit beschäftigt, die Dinge ins Rollen zu bringen, als sich mit philosophischen Erwägungen aufzuhalten.

Ergiebiger war unsere Frage an Kopp, wie sie sich ihre Zeit einteile. Sie beschrieb kurz, wie sie jedes Jahr mit einer Liste all jener Dinge anfängt, die sie in den nächsten zwölf Monaten erledigen will; dann bricht sie diese Liste in Monate und Wochen herunter. Aus der Wochenliste erstellt sie eine tägliche Aufgabenliste, die sie strikt einhält. Als Kopp davon sprach, wie sie das alles »systematisiert« hat, erweckte es den Eindruck, als setze sie dies auch bei allen anderen voraus. Für sie ist dieses Ausmaß an Organisation selbstverständlich. »Ohne das könnte ich nicht bestehen«, sagte sie, »oder jedenfalls könnte ich ohne solch ein System meine Arbeit nicht machen.«

Im Dialog mit Kopp kann man mit Leichtigkeit ausmachen, wie groß die Bedeutung ihrer fünf Top-Talentthemen in Bezug auf den bemerkenswerten Erfolg von Teach For America ist. Wenn sie über all die Kinder spricht, die eine bessere Ausbildung verdient haben, kann man spüren, wie ihr Verantwortungsgefühl sie motiviert. Wie ein Ehemaliger von Teach For America berichtete: »Wendy vermittelt mehr als ihre Vision der schulischen Chancengleichheit – nämlich die Verantwortung, etwas dafür zu tun. Es reicht nicht aus, einfach nur der beste Lehrer zu sein. Gewinnen um der Schüler willen ist die einzige Option.«

Und auch wenn Kopps Wettbewerbsorientierung nicht auf den ersten Blick deutlich wird, zeigt sie sich doch im Kontext des »Gewinnens« für Schüler angesichts des Status quo. Kopps Wettbewerborientiertheit ist eher organisatorischer und sozialer Natur als persönlich. Sie hat alles in ihrer Macht Stehende getan, damit die von ihrer Organisation an die Schulen entsandten Lehrer noch besser waren als die besten auf herkömmliche Weise eingestellten Erzieher.

Doch von allen Führungspersönlichkeiten aus unserer Studie ist Wendy Kopp wohl das beste Beispiel dafür, wie man ein dominantes Talentthema – Leistungsorientierung – sein Leben lang einsetzen kann. Von ihrer detaillierten Aufgabenliste bis hin zum Aufbau einer nationalen Bewegung aus dem Nichts innerhalb eines Jahres – Kopps Fähigkeit, die Dinge in Gang zu setzen, ist unerreicht. Obwohl ihre Organisation bereits mehr als *3 Millionen* Schüler erreicht hat, ist es unwahrscheinlich, dass sie zur Ruhe kommt, ehe Kinder weltweit Zugang zu einer angemessenen Schulbildung haben.

Einflussnahme

Talentthemen der Kategorie Einflussnahme		
Tatkraft	Wettbewerbsorientierung	Bedeutsamkeit
Autorität	Höchstleistung	Kontaktfreudigkeit
Kommunikationsfähigkeit	Selbstbewusstsein	

Simon Cooper

Hoteldirektor The Ritz-Carlton

Die fünf Top-Talentthemen
Höchstleistung*
Kontaktfreudigkeit*
Arrangeur
Tatkraft*
Bedeutsamkeit*

*Talent der Kategorie Einflussnahme

Als Simon Cooper im Jahr 2001 die Position des Hoteldirektors der The Ritz-Carlton Hotel Company annahm, stand er vor einer einzigartigen Herausforderung. Während Wendy Kopp im Wesentlichen eine Organisation aus dem Nichts heraus schaffen musste, war es Coopers Aufgabe, eine der weltbesten Marken auf ein neues Qualitätsniveau zu bringen. Man kann darüber diskutieren, welcher Auftrag schwerer zu erfüllen war, aber Cooper hatte eindeutig am meisten zu verlieren.

Die Marke Ritz-Carlton war bereits ebenso ein Synonym für Luxus wie Tempo für Taschentücher. Ihre Mitarbeiter waren zufrieden. Die Kunden waren treu. Nahezu jede Facette des Geschäfts stand für Qualität. Die Erwartungen waren extrem hoch. Und auf persönlicher Ebene übernahm Cooper die Nachfolge einer charismatischen Führungspersönlichkeit, Horst Schulze, der fast zwei Jahrzehnte lang eins gewesen war mit der Marke. Cooper zufolge konnte Schulze in den Augen der Mitarbeiter von Ritz-Carlton »übers Wasser gehen«. Bei einer derart altehrwürdigen Marke, die in jeglicher Hinsicht erfolgreich war, stand Cooper vor einer Situation, in der es praktisch keinen anderen Weg als den nach unten gab. Aber nichts verleiht einem Menschen mit Anspruch auf Höchstleistung mehr Energie als die Herausforderung, ein Unternehmen von der Super- zur Weltklasse zu bringen.

Wenn man mit Cooper in einem Raum sitzt, spürt man förmlich die Kraft, die seine wettergegerbte Haut zu verströmen scheint.[15] Er wurde am Stadtrand Londons geboren, bestritt seinen Lebensunterhalt früher mit dem Segeln von Charteryachten und trat bis zum Alter von 45 Jahren in Rugby-Wettkämpfen an.[16] Noch immer sieht man Coopers Statur und Körperbau den einstigen Sportler an. Doch seine Stimme und sein Akzent sind so distinguiert wie die Marke, die er führt. Ehe man Simon Cooper näher kennenlernt, scheint diese Vornehmheit seine Intensität und Zuversicht zu verhüllen.

In dem Augenblick, als Cooper im Jahr 2001 das Steuer des Ritz-Carlton übernahm, war er entschlossen, seine Spuren zu hinterlassen. Wie viele andere Führungskräfte mit dem Talent der Bedeutsamkeit lag ihm nichts ferner, als einfach in die Fußstapfen seines Vorgängers zu treten. Während Cooper sich an diese Situation erinnert, erläutert er, wie sorgsam er von Anfang an klarstellte, dass er niemanden kopieren wollte. Seiner Meinung nach ist dies der sichere Todesstoß für jeden, der eine neue Führungsrolle übernimmt. Obwohl sein Vorgänger überall sehr geachtet wurde, wusste Cooper, dass die Leute nichts weniger wollten als einen Heuchler an der Spitze des Unternehmens. Ihm war auch klar, dass die Marke weit über die Persönlichkeit ihres Lenkers hinauswachsen musste.

Statt einen Neuaufguss einer Marke zu versuchen, die bereits auf ihrem Höhepunkt angekommen war, setzte sich Simon Cooper zum Ziel, den weltweiten Einfluss von Ritz-Carlton auszuweiten. Als Erstes untersuchte er genau, was die Gäste des Ritz-Carlton bereits mochten, und dann strebte er danach, diese bereits vorhandene Möglichkeit zu nutzen und sogar noch zu optimieren. Für Cooper war es entscheidend, auf den Stärken der Marke aufzubauen. Ihm wurde schnell klar, dass niemand wirklich in einem Ritz-Carlton Hotel übernachten musste. Man konnte ebenso gut für den halben Preis in anderen Häusern logieren, und doch kehrten die Gäste im-

---

[15] Gallup-Leadership-Interview mit Simon Cooper am 31. März 2008

[16] Crockett, R. O. (29.05.2006). Keeping Ritz-Carlton at the top of its game (elektronische Version). *BusinessWeek.*

mer wieder ins Ritz zurück. Deshalb widmete Cooper noch mehr seiner Zeit und Aufmerksamkeit der Untersuchung dieser einzigartigen Erfahrung, die das Ritz-Carlton seinen Gästen bot.

Als Cooper die Markentreue seiner Kunden untersuchte, schätzte er, dass 90 Prozent des Images auf Emotionen basierten – es hatte damit zu tun, wie die Angestellten des Ritz-Carlton »die Marke mit Leben erfüllten«, wann immer sie im Kontakt zu den Gästen standen.[17] Cooper beschrieb das so:

> *Die Menschen schaffen Erinnerungen, nicht Dinge. Wenn wir die Gäste fragen, welche Farbe der Teppich in ihrem Zimmer hatte, wissen sie vermutlich keine Antwort. Der wahre Wert wird durch die Damen und Herren [die Mitarbeiter] vermittelt, die dieses Hotel mit Leben erfüllen. 10 Prozent sind die Plattform, der Rest sind die Leute.*

Vielleicht aus diesem Grund fühlt sich Cooper in seinem Element, wenn er seine Zeit mit den Angestellten an vorderster Front verbringt. Cooper liebt es, bei seinen Besuchen die Mitarbeiter zu fragen, was die Gäste gern bestellen. Während er sich die Antworten aufschreibt, die im Allgemeinen die Zimmer, das Essen oder die Wellnessbehandlungen betreffen, hat Cooper eine ganz bestimmte Lektion im Sinn. Seine nächste Frage ist ein bisschen unorthodox: »Und nun sagen Sie mir mal, was sie *nicht* bestellen können.«

Genau das ist es, was Cooper als die Kernkompetenz seines Unternehmens betrachtet: die immateriellen Werte wie Lächeln, Beziehungspflege und Umsorgen. In einer Welt, in der viele Gäste praktisch alles kaufen können, was sie wollen, sind es die *unverkäuflichen* Dinge, durch die eine echte Verbundenheit mit der Marke Ritz-Carlton aufgebaut wird. Cooper beschreibt, wie er seine Führungskräfte auf der Grundlage ihrer Fähigkeit bezahlt, diese Art echter Verbundenheit herzustellen anstelle einer grundlegenden Loyalität, denn »es ist ihr Geschäft, die Herzen und Seelen jedes Gastes zu gewin-

---

[17] Robison, J. (12.10.2006). How the Ritz-Carlton is reinventing itself. *Gallup Management Journal.* http://gmj.gallup.com/content/24872/How-RitzCarlton-Reinventing-Itself.aspx, 27.08.2008.

nen«. Wenn sie dazu in der Lage sind, dann hofft Cooper ein Vermächtnis zu hinterlassen, das er als »Gäste fürs Leben« bezeichnet.

Cooper setzte sich zum Ziel, eine legendäre Gästeerfahrung auf eine ganz neue Ebene zu bringen, auch hierin ganz seinem stärksten Talent, der Höchstleistung, verpflichtet. Bei einer Gallup-Untersuchung des Mitarbeiterengagements des Ritz-Carlton waren diese im oberen Viertel der weltweiten Statistik gelandet. Doch für das Führungsteam des Ritz war dies noch lange nicht gut genug, sie betrachteten es als Mindestanforderung. Als Gallup die Kundenbindung des Ritz-Carlton untersuchte, setzten sie sogar ein noch höheres Ziel. Während die meisten ihrer Häuser einen Prozentsatz von über 95 in der Kundenbindungsstatistik erreichten – ein Niveau, das die meisten Organisationen als Weltklasse betrachten würden –, stellte Ritz-Carlton seine Häuser vor die Aufgabe, zwischen 98 und 99 Prozent zu erzielen. Häuser zwischen 94 und 95 Prozent galten als »im roten Bereich«. Ein Hotel zwischen 96 und 97 Prozent wurde als »gelb« eingestuft, und als »grün« konnte nur gelten, wer 98 Prozent erreichte. Was die Markenbindung der Gäste anbelangt, wollten Cooper und sein Team einen neuen Goldstandard schaffen.[18]

Auch die zweite große Initiative, die Simon Cooper lancierte, zielte auf lebenslange Kundenbindung, wenn auch auf etwas direktere Art. Trotz Widerstands plädierte Cooper dafür, dass Ritz-Carlton im Verkauf von Privatwohnungen und Timesharing aktiv werden sollte. Als Cooper dieses Konzept 2002 vorstellte, wurde sein Urteilsvermögen vom *Wall Street Journal* und anderen infrage gestellt.[19] Sie gaben zu bedenken, dass es die Marke schwächen könnte, wenn das Kult-Logo von Ritz-Carlton für Wohnhäuser und Timesharing benutzt würde. Aber Cooper wollte davon nichts wissen.

Er hatte genügend Selbstbewusstsein, der Welt sein Konzept zu verkaufen. In einem Interview zu den elf Eigentumswohnungen im obersten Stockwerk des New Yorker Battery Park Hotel erklärte Cooper 2002,

---

[18] Michelli, J. A. (2008). *Kunden fürs Leben. So schaffen Dienstleister Premium-Service mit des Prinzipien von The Ritz-Carlton Hotel Company*, Redline Verlag, München.

[19] Sinclair, K. (2002). Putting on the »nouveau Ritz« (elektronische Version). *Hotel Asia Pacific*.

dass Wohneinheiten, die für einen Mindestpreis von 25 Millionen Dollar verkauft und von Prominenten und Berühmtheiten bewohnt wurden, dem »Ritz-Carlton-Image keinen Schaden zufügten«.[20] Im Jahr 2008 hatten sich Ritz-Carlton-Wohneigentum und -Clubs (Eigentumsanteile) zum schnellstwachsenden Geschäftszweig entwickelt, und über 40 neue Standorte weltweit waren in Planung. Die finanziellen Ergebnisse bezeugten, dass dies zu einem der besten geschäftlichen Schachzüge der Firmengeschichte werden würde.

Ein guter finanzieller Erfolg allein war wohl nicht ausreichend für Coopers Wunsch, der Welt einen Eindruck von Bedeutsamkeit zu vermitteln. Als wir ihn 2008 interviewten, wurde deutlich, dass die weltweiten Impulse seiner Organisation ihn sogar mit noch mehr Stolz erfüllten. Lässig erwähnte Cooper die Besuche bei Königen und Staatsoberhäuptern, als wären sie alte Freunde. Und gern erzählte er, wie er den Rockstar und Wohltäter Bono bei einem seiner jüngsten Aufenthalte gebeten habe, an dem morgendlichen Treffen mit seinem Hauspersonal teilzunehmen. Es war unschwer zu erkennen, wie stolz Cooper darauf war, andere mit solchen kleinen Gesten zu gewinnen.

Wenn Cooper seine Einflussnahme bei der Führung des Ritz-Carlton betrachtet, tut er dies auf eine Art, die den meisten Geschäftsführern eine Nummer zu groß sein dürfte. Sein Einfluss beschränkt sich nicht darauf, eine der weltweit größten Marken zu optimieren. Er endet auch nicht damit, die Anzahl der Ritz-Carlton-Häuser in nur sieben Jahren verdoppelt zu haben. Und er bezieht sich nicht nur auf die Rekordleistungen, die er in puncto Gewinn, Qualität oder Mitarbeiter- und Kundenbindung erzielt hat.

Vielmehr dient Simon Coopers Stärke in der Kategorie Einflussnahme dem höheren Zweck, eine Organisation zu führen, von der das Wohlergehen von über 40.000 Familien abhängt. Als Cooper sagte, dass das Einkommen eines seiner Empfangsmitarbeiter in Asien oftmals Nahrung und Unterkunft einer gesamten Familie sichert, klang darin sein Talent der Bedeutsamkeit mit. Und als er über den himmelweiten Unterschied sprach, den eine Stelle im Ritz-Carlton für eine Reinigungs-

---

[20] Ibid.

kraft am Persischen Golf ausmachen kann, gewann man den Eindruck, dass dies ein Mann ist, der die Welt verändern kann – auch wenn er dafür seinen Einfluss auf jeden Einzelnen geltend machen muss.

Beziehungsaufbau

Talentthemen der Kategorie Beziehungsaufbau		
Anpassungsfähigkeit	Einfühlungsvermögen	Einzelwahrnehmung
Entwicklung	Harmoniestreben	Positive Einstellung
Verbundenenheit	Integrationsbestreben	Bindungsfähigkeit

Mervyn Davies
Vorstandsvorsitzender der Standard Chartered Bank
Die fünf Top-Talentthemen
Leistungsorientierung
Zukunftsorientierung
Positive Einstellung*
Bindungsfähigkeit*
Wissbegierde
*Talent der Kategorie Beziehungsaufbau

Wenn man sich vorzustellen versucht, wie der Vorstandsvorsitzende einer der weltgrößten Banken wohl aussieht, erfüllt Mervyn Davies die Erwartungen. Mit seinem elegant geschnittenen Anzug, der drahtgefassten Brille und seiner athletischen Statur ist Davies ein geschniegelter Geschäftsführer wie aus dem Bilderbuch. Doch wenn man mit Mervyn Davies redet und seine Erfolgsbilanz studiert, wird deutlich, dass er alles andere ist als der Standard-Vorgesetzte.[21]

---

[21]   Gallup-Leadership-Interview mit Mervyn Davies am 5. März 2008.

Von jenem Tag an, als Davies die Position des CEO der Standard Chartered übernahm, einer Bank mit über 70.000 Mitarbeitern in 70 Ländern, schwamm er unermüdlich gegen den Strom. Statt nur in kleinen Schritten zu denken, ließ seine Zukunftsorientierung ihn die Position der Weltmärkte in ein paar Jahren ins Auge fassen. Während der gesamte Wettbewerb sich auf die seinerzeit lukrativen europäischen und nordamerikanischen Märkte konzentrierte, interessierte Davies sich mehr für eine Streuung in Afrika, Indien und dem Mittleren Osten. Wo andere Banken investierten, um Menschen durch Technologie zu ersetzen, wollte Davies *noch mehr* Zeit und Geld in die Personalentwicklung investieren.

Mit fast jedem Schritt setzte Davies seine Vorstellungskraft ein, um bessere Verbindungen innerhalb der Organisation zu schaffen. In einer Zeit, da Bankvorstände übervorsichtig mit allen Äußerungen waren, entschied sich Davies, wo immer möglich zu kommunizieren. Und während andere Vorstände fast ausschließlich gewinnorientiert arbeiteten, legte Davies ebenso viel Wert auf den Aufbau einer Organisation »mit Herz und Seele«.

Ehe er Standard Chartered auf eine so unkonventionelle Weise führen konnte, musste Davies erst einmal seine Laufbahn beginnen, indem er ein außergewöhnlich vielseitiges Führungsteam aufbaute, bestehend aus Menschen mit völlig verschiedenen Hintergründen und Persönlichkeiten. Angesichts der Tatsache, dass sein Unternehmen mehr als 90 Prozent des Umsatzes mit aufstrebenden internationalen Märkten machte, hatte Davies keine andere Wahl, als dafür zu sorgen, dass die Führungsmannschaft der Bank ebenso vielfältig war wie ihre Kundschaft. Seiner eigenen Stärken und Beschränkungen sehr wohl bewusst, umgab sich Davies mit Menschen, die bestimmte Dinge viel besser beherrschten als er.

Während dieses Prozesses war Davies sehr offen in Bezug auf seine eigene Persönlichkeit und stellte sogar eine Kaffeetasse mit seinen fünf stärksten Talenten – Leistungsorientierung, Zukunftsorientierung, Enthusiasmus, Vorstellungskraft und Wissbegierde

– auf seinen Schreibtisch.[22] Dann verbrachte er sehr viel Zeit damit, die Stärken und Schwächen seiner Mitarbeiter zu analysieren und zu ergründen, wie sie sich in verschiedene Teams einfügen würden. Das führte schon bald zu einigen unorthodoxen Führungsentscheidungen. Nach nur einem Monat in seiner Position ersetzte Davies den Finanzchef, der über umfangreiche Erfahrung im Rechnungswesen verfügte, durch einen jungen Consultant ohne jede formale Buchhaltungsausbildung. Und dieser Consultant war noch keine 40. Die Leute in Davies' Umfeld dachten, er sei verrückt geworden.

Zum Glück war Davies deutlich um Offenheit bemüht und kommunizierte ausführlich, was er tat und warum er es tat. Dadurch konnte er rasch Beziehungen zu den wichtigen Aktionären, zu Geschäftspartnern, Kunden und Mitarbeitern knüpfen. Um die Kommunikation mit seinen Zehntausenden von Mitarbeitern zu verbessern, probierte Davies alles Mögliche aus, von Videos und Cartoons bis zu zahllosen handschriftlichen Memos. Er schuf auch besser strukturierte Kommunikationsprogramme und sandte regelmäßige Mitteilungen an seine 20, 50 und 150 Top-Führungskräfte. Dann sorgte Davies dafür, dass alle 75.000 Mitarbeiter weltweit monatliche E-Mail-Updates erhielten. So wussten die Angestellten von Standard Chartered jederzeit, was ihr Chef dachte.

Bei mehr als einer Gelegenheit wurde Davies dafür kritisiert, dass er zu offen kommuniziere. Aber das konnte ihn nicht stoppen. Im Gegenteil, als seine 29-jährige Frau während seiner Zeit als CEO an Brustkrebs erkrankte, schickte er eine offene E-Mail an 400 seiner Top-Führungskräfte, in der er genau erklärte, was passierte, wie er sich fühlte und wie das seine Planung der kommenden Monate verändern würde. Und das lag nicht nur daran, dass es um sein Privatleben ging – Davies war dafür bekannt, dass er jeden bei Standard Chartered darin unterstützte, die Familie an oberste Stelle zu setzen. Ein langjähriger Kollege schilderte, wie erstaunt er war, dass Davies

---

[22] Berry, M. (07.02.2006). Passion for people (elektronische Version). *Personnel Today*.

so viel Zeit von seinem vollgepackten Tagesplan abzweigte, um während einer persönlichen Krise für ihn da zu sein.

Davies' Offenheit erstreckte sich auch auf das, was er »mutige Konversation« nannte, also schwierigere Themen. Er gab zu, dass er manchmal sehr direkt sein konnte, und beschrieb seinen Führungsstil als »eiserne Faust im Samthandschuh«. Davies ging auch mit seiner eigenen Persönlichkeit und seinen Schwächen offen um. Er übernahm die Verantwortung für seine Fehler und sprach ohne Umschweife über das, was schiefgegangen war.

Davies' außergewöhnliche Ehrlichkeit führte dazu, dass die Angestellten von Standard Chartered erkennen konnten, wie sehr er die Bank liebte und dass er sein Herz am rechten Fleck trug. Das schuf eine Atmosphäre, in der die Mitarbeiter die Verantwortung für ihre Arbeit übernahmen, statt sie auf andere abzuschieben. So entstand auch ein nie zuvor da gewesenes Ausmaß an Vertrauen in den CEO, was Davies Handlungsfreiheit gab, wenn er die ausgetretenen Pfade der Konventionen verließ. Er schuf Vertrauen durch Beziehungen.

Bei unserem Gespräch mit Mervyn Davies in seinem Londoner Büro im Jahr 2008 hatte er gerade vom CEO zum Aufsichtsratvorsitzenden der Standard Chartered Bank gewechselt. Inzwischen tauchte Davies regelmäßig auf der *Times*-Liste der einflussreichsten Geschäftsleute auf und besaß ein hohes Ansehen in der Geschäftswelt.[23] Zum Zeitpunkt unseres Interviews befanden sich Banken in aller Welt in einer Krise. Fast jedes größere Finanzinstitut hatte massive Verluste erlitten. Doch wie die *New York Times* und der *Economist* schrieben, hatte Mervyn Davies die Standard Chartered zur einzigen Bank der Welt gemacht, die in einer der schwierigsten wirtschaftlichen Situationen der jüngsten Geschichte sogar noch ein Wachstum verzeichnete.[24] [25] Sie

---

[23] (10.01.2008). Inventive and dynamic risk-takers who changed the face of Britain (elektronische Version). *The Times*.

[24] Timmons, H. (06.10.2006). So far, always the predator, not the prey (elektronische Version). *The New York Times*.

[25] (28.02.2008). Standard Chartered: the decoupled bank (elektronische Version). *The Economist*.

war einer der wenigen Lichtblicke im Finanzdienstleistungssektor.

Als Davies die Gründe schilderte, warum Standard Chartered in diesem Markt florierte, wurde sein jovialer Tonfall ernst. Und als er von der »wahren Seele« und der »wunderbaren Geschichte« dieser 150-jährigen Bank mit Ursprung in Kalkutta sprach, verlieh die Leidenschaft seiner hellen Haut ein paar rötliche Schattierungen. Davies beschrieb, wie er schon früh »seine Karriere aufs Spiel gesetzt« hatte, indem er sich auf zwei Dinge konzentrierte – die Menschen und die soziale Verantwortung des Unternehmens –, obwohl viele Aktionäre zu diesem Zeitpunkt keinen Pfifferling weder auf das eine noch auf das andere gaben.

Über diesen letzteren Punkt hätten wir gern noch länger mit Davies gesprochen – insbesondere über seinen Beitrag zur weltweiten Bekämpfung von Aids und Krebs –, aber um im Rahmen unserer Studie zu bleiben, wollten wir Näheres darüber erfahren, wie es Davies gelungen war, bei den Mitarbeitern ein so außergewöhnliches Engagement zu wecken. Deshalb stellten wir ihm weitere Fragen zu ihm selbst und seiner Person.

Während er seine eigene Persönlichkeit beschrieb, fühlte er sich sichtlich vollkommen wohl in seiner Haut. Davies ist der Meinung, der wichtigste Führungsaspekt sei es, sich selbst zu kennen. Mit großer Überzeugung erklärte er, als Führungskraft müsse man »sich selbst und die Menschen um einen herum kennen und dann damit zurechtkommen«.

Das klingt einfach, doch Davies berichtet, dass seine Methode des Mitarbeiter-Empowerments zeitweise Alarm ausgelöst hat. Schon früh, als er Verantwortung an Mitarbeiter mit den richtigen Fähigkeiten delegierte und ihnen freie Hand gab, machten andere sich Sorgen, dass er sich nicht ausreichend um die Kernaufgaben kümmere. Doch indem er anderen vertraute, sich mit Dingen zu befassen, in denen sie kompetent waren, hatte Davies genügend Freiraum, um sich den Großteil seiner Zeit mit der Talententwicklung und dem Coachen zukünftiger Führungskräfte zu beschäftigen.

Davies erklärte, warum er sich für den Einsatz des StrengthsFinder und eines talentbasierten Ansatzes als Teil seines Plans zur Personalentwicklung in der gesamten Standard Chartered entschied. »Wir versuchen, ein Unternehmen zu sein, das sich ganz auf die Stärken seiner Mitarbeiter ausrichtet, nicht auf ihre Schwächen, und ich glaube, je mehr die Leute ihre Stärken erkennen, desto stärker können sie sich auf diese Bereiche konzentrieren, sie vertiefen und weiterentwickeln«, sagte er. Davies zog daraus einen Schluss, den man wohl als die prägnanteste Zusammenfassung des Stärken-Ansatzes bezeichnen kann, die wir jemals gehört haben: »Wenn man sich nur auf die Schwächen der Leute konzentriert, verlieren sie ihr Selbstvertrauen.«

Die finanziellen Ergebnisse der Bank machen deutlich, dass Davies eine Kultur geschaffen hat, in der die Stärken der Mitarbeiter tagtäglich zum Einsatz kommen. Doch an einer der aussagekräftigsten Stellen unseres Interviews sprach Davies darüber, mit welchem Stolz er andere Menschen lernen und wachsen sieht. Als wir ihn nach dem erfüllendsten Aspekt seiner Arbeit fragten, erwiderte er umgehend, er könne noch eine halbe Stunde lang weiter darüber reden, wie lohnenswert es für ihn sei, die Leute um ihn herum in ihrer Entwicklung zu beobachten und Anteil an ihrem Erfolg zu haben.

Dann wurde Davies persönlicher und beschrieb, wie er seine beiden Kinder an den StrengthsFinder heranführte und sie sich auf der Grundlage ihrer natürlichen Begabungen in ganz verschiedene Richtungen entwickelten. Es war nicht schwer, die Begeisterung in Davies' starkem walisischem Akzent auszumachen, als er von den beiden jungen Menschen sprach, die er als Mentor begleiten durfte. Als wir ihn baten, mehr davon zu erzählen, erwiderte er: »Ich liebe das. Ich liebe das wirklich. Ich liebe es, ihnen zuzuhören, und wissen Sie, unterm Strich rede ich eine Menge, aber ich glaube, die beste Managementqualifikation ist das Zuhören.«

Davies beschrieb eine bestimmte Herausforderung für jede angehende Führungskraft. Er erklärte, der Lackmustest für herausragende Führungskräfte sei, »ob sie die Namen aller Personen, an deren Entwicklung sie beteiligt waren, auf einem Blatt Papier notieren können«. Falls ja, so glaubt Davies, waren diese Führungskräfte womöglich bloß zum richtigen Zeitpunkt am richtigen Ort – zufällig, ohne erkennbaren Grund. Davies kann eine lange Liste aller Personen und Beziehungen anfertigen, in die er während seiner 15 Jahre bei Standard Chartered investiert hat, und er erwartet von seinen Leuten dasselbe.

Unser Gespräch mit Davies hat gezeigt, dass er in seinem Element ist, wenn er Menschen führen und Beziehungen aufbauen kann. Einmal sagte er, dass Menschen ihm mehr Energie verleihen als es Geld tut. Auch das würde man vom Vorstand einer der legendärsten Banken weltweit nicht erwarten. Doch während Davies' Zeit konnte die Standard Chartered Bank nicht nur international expandieren, sondern auch ihren Aktienwert steigern und ihren Marktwert nahezu verdreifachen.

Davies hat durch die Verfolgung seines eigenen Weges nicht nur beispiellose finanzielle Ergebnisse erzielt, sondern auch eine Organisation aufgebaut, in der jeder einzelne Angestellte, wie Davies es ausdrückte, »auf seine Karriere zurückblicken und erkennen kann, wie viel Spaß es gemacht hat, für diese Bank zu arbeiten«. Überall zeigt sich Mervyn Davies' überragendes Talent zum Beziehungsaufbau und seine ungebremste Zuversicht.

Strategisches Denken

Talentthemen der Kategorie Strategisches Denken		
Analytisch	Vorstellungskraft	Wissbegierde
Kontext	Ideensammler	Strategie
Zukunftsorientierung	Intellekt	

Brad Anderson

Geschäftsführer von Best Buy

Die fünf Top-Talentthemen
Kontext*
Vorstellungskraft*
Ideensammler*
Wissbegierde*
Verbundenheit

*Talent der Kategorie Strategisches Denken

Wenn man die Hauptniederlassung von Best Buy in Minneapolis besucht, stellt man sofort fest, dass dieses Unternehmen ein bisschen anders ist. Das Gebäude ist einem Flughafenterminal nachempfunden und hat in der Mitte eine große Verbindungshalle. Diese Halle pulsiert zu jedem Zeitpunkt durch die vielen Gespräche und es wimmelt von Angestellten, die so aussehen, als hätten sie wirklich Freude. Die Umgebung wirkt mehr wie eine Studentenversammlung auf einem Universitätscampus als wie das Hauptquartier eines Fortune-500-Unternehmens. Auf den ersten Blick lässt sich kaum nachvollziehen, wie man eine solche Atmosphäre erzeugen kann, insbesondere in einer Firma mit 150.000 Mitarbeitern.

Aber als wir dann im Jahr 2008 etwas Zeit mit dem Best-Buy-CEO Brad Anderson verbracht hatten, fügte sich plötzlich alles zusammen.[26] Mit seinem runden Gesicht, den hellen Augen und dem jovialen Lächeln sieht Anderson ganz sicher nicht aus, wie man sich ein typisches Mitglied der Geschäftsführung vorstellt. Man kann ihn sich eher als Geschichtslehrer an einer High School vorstellen als bei der Leitung einer Aktionärsversammlung. Nur wenige Menschen strahlen gleich bei der ersten Begegnung eine solche Wärme und Verbindlichkeit aus. Die Angestellten von Best Buy schildern Anderson als einen der zugänglichsten Menschen, den sie kennen.

---

[26] Gallup-Leadership-Interview mit Brad Anderson am 27. Februar 2008.

Wenn sich schon Andersons Aussehen und Auftreten kaum mit dem Bild eines herkömmlichen CEO decken, weichen seine Handlungsweise und seine Persönlichkeit sogar noch stärker davon ab. Doch im Verlauf der letzten 25 Jahre hat Anderson aus einem unbekannten regionalen Elektroladen eines der größten Elektronik-Einzelhandelsunternehmen Amerikas gemacht. Die erstaunliche Geschichte seiner Karriere wird nur vom Erfolg des Unternehmens während seiner Tätigkeit dort in den Schatten gestellt.

Bei einem Blick auf Andersons fünf Top-Talentthemen – Kontext, Vorstellungskraft, Ideensammler, Wissbegierde und Verbundenheit – könnte man annehmen, dass er in jungen Jahren ein herausragender Schüler gewesen sein muss. Doch das war er nicht. Anderson musste sich anstrengen und bekam schlechte Noten in der High School. Deshalb war es so überraschend, dass Anderson – und seine Noten – sich an der Universität verbesserten. Als es ihm erst einmal freistand, sich mit den Themen seiner Wahl zu beschäftigen, öffnete er seinen Geist für eine Welt unbegrenzter Möglichkeiten. Was Anderson an der Uni erkannte – dass er sein Leben auf diese angeborene Wissbegier und seinen unstillbaren Lernhunger aufbauen konnte –, sollte sich als entscheidend für seine gesamte Karriere erweisen.

Im Alter von 24 Jahren fing Anderson als Verkaufskraft bei Sound of Music an, einem kleinen Elektronik-Einzelhandelsunternehmen in Minneapolis. Nach ein paar Jahren wurde er Filialleiter. Dann wurde ihm angeboten, das Team in der Unternehmenszentrale zu ergänzen. Bis 1983 hatte das Unternehmen seinen Namen in »Best Buy« geändert und sieben Geschäfte eröffnet. Das Einzelhandelsunternehmen expandierte und gründete in den folgenden Jahren mehrere Großmärkte.

Bis 1986 saß Anderson in der Geschäftsführung des Unternehmens und arbeitete eng mit dem legendären Firmengründer Dick Schulze zusammen. Zu dieser Zeit begannen Anderson, Schulze und einige andere das gesamte Geschäftsmodell des Elektro-Einzelhandels infrage zu stellen: Fast jeder Verbrauchermarkt für Elektronik bezahlte sein Verkaufspersonal auf der Grundlage von Provisionen.

Das führte dazu, dass Kunden vor 1990 in nahezu jedem HiFi-Laden von aufdringlichen Verkäufern zum Kaufen gedrängt wurden. Schlimmer noch, diese Provisionsverkäufer verscherbelten im Allgemeinen die Ausstellungsmodelle, bei denen am meisten für sie hängen blieb, obwohl diese Fernsehgeräte und Stereoanlagen gar nicht auf Lager waren. Als Anderson eine Gruppe von Kunden befragte, welchem großen Einzelhandelsunternehmen sie vertrauten, fingen sie an, wie er sich erinnert, »einfach lauthals zu lachen«. Damals fühlten sich die Kunden sogar bei einem Gebrauchtwagenhändler weniger unter Druck gesetzt.

Anderson betrachtete erfolgreiche Einzelhandelsunternehmen in anderen Branchen und stellte fest, dass es sehr unterschiedliche Geschäftsmodelle gab. Einen seiner ersten Hinweise bezog er aus der Erfahrung im Lebensmittelhandel, wo Kunden ungestört umherstöbern und sicher sein können, dass die Produkte vorrätig sind. Anderson, Schulze und ihr Team überlegten, ob Best Buy ein ähnliches Modell anwenden könnte – eines, das ihrer Meinung nach beim durchschnittlichen Kunden viel besser ankommen würde. Doch es gab maßgebliche Hindernisse, angefangen von den Bedingungen der Hersteller und Lieferanten bis hin zu den Erwartungen Tausender Verkäufer.

Anderson und Schulze wussten, dass die Entscheidung für ein neues Modell die gesamte Branche auf den Kopf stellen würde. Aber sie hatten auch so eine Ahnung, dass es die einzige Überlebenschance für ihr Unternehmen sein könnte. Wie Anderson uns später sagte: »Das war der Durchbruch, und das konnte nur passieren, weil die Firma aus dem Geschäft raus gewesen wäre, wenn wir uns weiterhin an die Regeln gehalten hätten.«

Als Anderson und Schulze offiziell vorschlugen, dass Best Buy sich von dem Provisionssystem verabschieden sollte, stießen sie daher auf energischen Widerstand. Sogar innerhalb des Unternehmens gab es viele Skeptiker. Aber wenn die Leute die Idee anzweifelten, erinnerte Anderson sie daran, dass sie »an die nächsten *fünfzehn* und nicht nur an die nächsten *fünf* Jahre« denken sollten.

Auf der Grundlage dieser Idee führte Best Buy eine neue Strategie ein, die das Einzelhandelsmodell nachhaltig verändern sollte. Ergebnis dieses Wandels war, dass die Kunden sich nicht länger von den Verkäufern unter Druck gesetzt fühlten – und jetzt in die Best-Buy-Filialen strömten, um sich einfach mal umzuschauen. Wenig später folgten andere Einzelhändler in der Elektronik- und in anderen Branchen nach.

Auch während dieser Übergangszeit entwickelte Andersons Karriere sich weiter, und im Jahr 1991 wurde er Geschäftsführer von Best Buy. Von dem Tag an, da Anderson diese Führungsrolle übernahm, war klar, dass er keine einzige der Erwartungen an einen Top-Firmenleiter erfüllen würde. Statt sich an die neue Rolle anzupassen, entschied sich dieser selbst ernannte »schräge Vogel«, die Dinge ganz anders anzugehen.

Wall-Street-Analysten und andere erwarteten, dass Anderson als neuer Chef von Best Buy einen konventionelleren Weg gehen würde, aber das tat er nicht. Zu ihrem Befremden zog sich Anderson einfach wochenlang zurück, um neue Ideen zu sammeln. Statt sich durch Verkaufs- oder Wirtschaftsliteratur zu arbeiten, las er alles von *Rolling Stone* bis zu historischen Biografien. Auf der Suche nach besseren Ideen nahm Anderson an Konferenzen außerhalb des Elektronikbereichs teil. Er konsultierte zahllose unternehmensfremde Experten, um die Denkweise von Best Buy infrage zu stellen. Seine Vorstellungskraft, sein Ideensammler-Talent und seine Wissbegierde waren pausenlos im Einsatz. Wie Anderson selbst zugibt, forderte er die gängige Meinung in so starkem Maße heraus, dass »meine Kollegen sich erbittert beschwerten«.

Andersons unstillbare Neugier führte auch zu einem unkonventionellen Ansatz der Mitarbeiterführung. Er scharte rasch Führungskräfte um sich, von denen er wusste, dass sie seine Vorstellungen hinterfragen würden. Und er verwandte viel Sorgfalt auf die Auswahl von Vorgesetzten, die die Stärken ihrer Mitarbeiter wirkungsvoll ausbauen konnten. Auch hier fiel Anderson aus dem Rahmen und legte ebenso viel Wert auf eine gute Chemie zwischen den

Teammitgliedern wie auf ihre Erfahrung oder technische Kompetenz.

In unserem Gespräch schilderte uns Anderson, dass die meisten seiner Führungskräfte »deutlich verschieden« voneinander seien. Und doch haben sie einen Weg gefunden, um miteinander zurechtzukommen, indem sie großes Vertrauen in die besonderen Stärken jedes Einzelnen setzen. Anderson erzählte, es sei vorgekommen, dass er in einem Führungskräftemeeting voller Leidenschaft über seine Zukunftsideen spreche, nur um irgendwann festzustellen, dass der Finanzchef überhaupt nicht mehr zuhöre. Im Gegenzug sagte Anderson, als er von seinem hochbegabten Finanzchef erzählte, der oft bis 20 Uhr über seinen Tabellen sitze: »Sie könnten mir ebenso gut Hieroglyphen vorlegen.« Dies ist nur eine von vielen Partnerschaften, die Anderson als Gegengewicht zu seinen Stärken und Grenzen aufgebaut hat.

Vielleicht noch bemerkenswerter ist das Ausmaß, in dem Anderson in seiner Rolle als CEO seinen eigenen Stärken treu bleiben konnte. Auf die Frage, wie er die mehr als 150.000 Best-Buy-Mitarbeiter führen könne, verwies Anderson auf die entscheidende Rolle seiner Selbstwahrnehmung und Authentizität. Er mag vielleicht kein Naturtalent darin sein, mit einer ganzen Filiale voller Verkaufspersonal ein Schwätzchen zu halten, doch er hat eine besondere Art gefunden, mit den Best-Buy-Mitarbeitern, mit Kunden und Aktionären Kontakt zu pflegen, während er die Welt bereist: Er stellt einfach großartige Fragen.

Wie eine Best-Buy-Mitarbeiterin sagte, kann Anderson in einen Laden kommen und jedem Angestellten das Gefühl geben, »*der* wichtigste Mitarbeiter zu sein, weil er jeden Einzelnen fragt, was *er* tut, was *ihn* ärgert und was *er* in diesem Geschäft sieht«. Sie berichtete auch, dass sie keinen anderen CEO erlebt hätte, der das so gut könne, und dass Anderson von Natur aus »neugierig auf Menschen und ihre persönliche Lebensgeschichte« sei. Wenn er diesen Hintergrund erst einmal erfasst hat, hilft ihm das zu erkennen, was zukünftig geschehen muss.

Zu den aussagekräftigsten Antworten, die Führungspersönlichkeiten wie Anderson uns im Laufe unserer Studie gaben, gehörten jene auf unsere Aufforderung: »Bitte beschreiben Sie uns einen Augenblick, in dem Sie das Gefühl hatten, die Zeit stünde nahezu still.« Anderson berichtete uns, er habe dieses Gefühl praktisch immer, wenn er etwas Neues erfahre, sei es von einer anderen Person, aus einem Buch oder beim Lösen eines Rätsels. »Ich finde es erstaunlich, dass ich trotz meiner 58 Jahre jeden Tag weniger zu wissen scheine«, sagte er. »Egal wie viel man lernt, es eröffnet nur immer weitere substanzielle Fragen und Verknüpfungen.«

Anderson erzählte uns, wie er am Tag vor diesem Gespräch früher von einem Dinner weggegangen sei, um noch ein wenig Zeit in der nahe gelegenen Buchhandlung Barnes und Noble verbringen zu können, bevor er heimkehrte. Der lernbegierige Vielleser sagte, er habe mindestens 28 Bücher gefunden, die er an diesem Abend kaufen wollte. »Das ist eine richtige Krankheit«, erklärte er lächelnd.

Wir vermuten, Millionen von Best-Buy-Mitarbeitern, -Kunden und -Aktionären sind froh, dass Brad Anderson seiner lebenslangen Neugier freien Lauf lässt. Auch wenn sein strategisches Vorgehen zu einigen Experimenten führte, die sich nicht auszahlten, konnte Anderson mit seinem unkonventionellen Ansatz doch beispielloses Wachstum erzielen. Wer 1991, als Anderson Geschäftsführer wurde, 1.000 Dollar in Best-Buy-Aktien investierte, hätte es im Jahr 2008 mit einem Wert von 175.000 Dollar zu tun gehabt. Nicht übel für einen Mann, der auf der untersten Ebene angefangen hat und über die folgenden 25 Jahre mit seinen Talenten aufgestiegen ist.

Die gemeinsame Stärke eines Teams

Die Geschichten dieser vier Führungspersönlichkeiten beweisen, dass sie sich absolut darüber im Klaren sind, wer sie sind – und wer sie *nicht* sind. Hätte einer von ihnen sein Leben damit verbracht, in allem »gut genug« zu sein, ist es fraglich, ob er so außergewöhnliche Impulse hätte geben können. Stattdessen waren sie alle klug genug, die richtigen Talente in ihren Teams zu versammeln, und das hat ihre Organisationen zu kontinuierlichem Wachstum geführt. Leider sind nur sehr wenige Teams im Hinblick auf ihre Stärken optimal aufgestellt.

In der Zusammenarbeit mit dem Führungsteam bei Hampton, einer amerikanischen Hotelkette, haben wir Folgendes gelernt: Wenn ein Team erst einmal begriffen hat, wie es die Stärken jedes Einzelnen einsetzen kann, findet es schnell neue Methoden, die Unternehmensleistung zu steigern. Bei unserer ersten Begegnung mit dem Hampton-Direktor Phil Cordell schienen sein Unternehmen und sein Führungsteam auf dem richtigen Weg zu sein. Hampton zählte über 1.500 Niederlassungen, expandierte schnell und hatte eine starke Markenposition aufgebaut. Cordell besaß ein Führungsteam aus außergewöhnlich begabten Individuen, von denen jeder eine tiefe Leidenschaft für die Organisation und die Marke empfand. Sein Team war innovativ, kreativ und hatte eine beeindruckende Erfolgsbilanz. Hampton war seinen Mitbewerbern bereits weit voraus, aber Cordell wollte diesen Vorsprung noch vergrößern. Außerdem erhoffte er sich eine größere internationale Expansion.

Cordell war klar, dass das, was sein Team bis hierher gebracht hatte, nicht für seine ehrgeizigen Ziele ausreichte. Bei unseren Interviews mit jedem Mitglied seines Kernführungsteams stellten wir fest, dass sie der Marke gegenüber strikt loyal waren, nach besseren Leistungen strebten und großen Respekt für Cordell als Teamleiter empfanden. Aber wir fanden auch ein paar potenzielle Tretminen. Interessanterweise hatte die Loyalität des Führungsteams zu Cordell einen gewaltigen Nachteil. Die Teammitglieder kamen mit ihren Problemen fortwährend zu ihm, um ihn entscheiden zu lassen, anstatt sie untereinander auszumachen. Das beschädigte das gegenseitige Vertrauen der Kollegen und bedeutete außerdem, dass Cordell immer derjenige war, der handeln musste, wodurch sich ein Engpass bildete, der alles verlangsamte.

Ohne das Wissen seines Teams verbrachte Cordell den Großteil seines Tages im »Antwortmodus«. Er hatte nicht den Wunsch, im Mittelpunkt all dieser Diskussionen zu stehen, und das musste er auch nicht. Dies war nicht nur ein Problem effektiven Delegierens; das Hauptproblem war, dass seine Teammitglieder keine starken Beziehungen zueinander hatten.

Nach etlichen Diskussionen mit Cordell wurde klar, dass seine aggressiven Wachstumspläne das Team auf eine Zerreißprobe stellen, wenn nicht gar auseinanderbrechen lassen würden. Um einen Plan zu entwerfen und den Grundstein für internationales Wachstum zu legen, würde Cordell sehr häufig unterwegs sein müssen. Und so, wie das Team funktionierte, würde es zusammenbrechen, wenn Cordell für längere Zeit aus dieser Gleichung herausgenommen wurde. Cordell musste ein Team von so großer Stärke aufbauen, dass es seine Abwesenheit kaum wahrnehmen würde.

Doch um dorthin zu gelangen, musste seine Gruppe sich großen Herausforderungen stellen. Eine bestand darin, dass in dieser Gruppe überaus talentierte Individuen waren, die wussten, wie man seine Arbeit erledigt, aber die ganze Zeit »darin wetteiferten, noch mehr zu übernehmen«, wie ein Mitglied sagte. Der eine oder andere mag sich vielleicht wünschen, ein solches Problem an seinem Arbeitsplatz vorzufinden, doch bei Hampton führte das eher zu einem zersplitterten als zu einem kooperativen Team.

Nachdem wir mit jedem einzelnen Teammitglied Tiefeninterviews geführt und uns eine Übersicht über ihre StrengthsFinder-Ergebnisse angesehen hatten, wurde deutlich, dass das Team stärkere Beziehungen aufbauen musste – und zwar schnell –, wenn es Vertrauen herstellen und seine ehrgeizigen Wachstumspläne realisieren wollte.

Cordell ging mit den Problemen des Teams so ehrlich wie möglich um. Als die Mitglieder offen über ihre Herausforderungen sprachen, erklärte Cordell ihnen klipp und klar, sie seien noch meilenweit von der Entwicklung einer »gemeinsamen Kultur« entfernt. Er sagte, das Team müsse sich wohl genug fühlen, um harte Diskussionen führen zu können, die bisher nicht stattgefunden hatten. Den Mangel an Vertrauen bezeichnete er als einen »Vertragsbrecher«.

Daraufhin verwendete das gesamte Team viel Zeit für Gespräche darüber, wie man stärkere Beziehungen und ein größeres Vertrauen aufbauen könne. Die Teammitglieder erkannten schnell, dass sie einfach nicht genügend Zeit miteinander verbrachten; sie alle waren so von ihren Alltagsanforderungen in Anspruch genommen, dass sie zu beschäftigt waren, um über das Team selbst nachzudenken, ganz zu schweigen von der Zukunft.

Sie erkannten auch, dass sie viel klarere Erwartungen benötigten, um die Effizienz zu erhöhen und Überschneidungen zu vermeiden. Noch beunruhigender war, dass die meisten der Teammitglieder über Probleme mit der Balance zwischen Arbeit und Familienleben berichteten, weil das Umfeld hochgradig wettbewerbsorientiert geworden war.

Diese ersten Zusammenkünfte und Diskussionen bewirkten nachhaltige Veränderungen. Scott und Kurt zum Beispiel, zwei Teammitglieder mit viel Geschick im Beziehungsaufbau, erklärten sich einverstanden, mehr Zeit in die Stärkung der Teambindung zu investieren. Gina beschrieb eifrig, wie sie die Talente der anderen maximieren könne, im Team und darüber hinaus, damit sie klare Erwartungen und mehr Raum für Wachstum erzielen könnten. Judy beschloss, ihre Fähigkeit zur Anregung von Dialogen und Ideen zu nutzen, um die Gruppe auf die Zukunft zu fokussieren. Bei einer Gruppensitzung entwarf das Team »Markenführer«-Beschreibungen, die genau festlegten, wie sie ihre Stärken einsetzen wollten, um das Firmenwachstum zu unterstützen.

Bald nach diesen ersten Diskussionen wurde klar, dass das Führungsteam von Hampton eine ganz andere Richtung eingeschlagen hatte. Statt eine Abwehrhaltung zu entwickeln, wenn Gina in einem Meeting Fragen stellte, wussten die anderen jetzt, dass sie einfach ihrem Bedürfnis nach Informationen folgte. Wenn Judy eine neue Idee einbrachte, erkannten sie dies als Teil ihrer natürlichen Instinkte und nicht mehr als ärgerliches Hinterfragen der bisher gewohnten Vorgehensweisen. Die Gruppe einigte sich darauf, Probleme zuerst einmal gemeinsam zu diskutieren, ehe sie Cordell einbezogen. Im Gegenzug verpflichtete sich Cordell, die direkt an ihn herangetragenen Probleme aus der Welt zu schaffen, ohne jedes Mal den gesamten Prozess zu durchlaufen.

Sechs Monate nach diesen intensiven Diskussionen hatten sich die Beziehungen, der Vertrauensgrad und das Führungsteam insgesamt enorm positiv entwickelt. Vor diesen Gesprächen hätte sich das Team niemals getroffen, wenn ihr Boss nicht dabei war. Doch zum Teil auch dank Scott, der die Verantwortung dafür übernahm, setzte sich das Team nun auch während Cordells Abwesenheit zusammen und hielt die Dinge am Laufen. Auf diesem stabilen Fundament legte das Team selbst die Messlatte immer höher, während Cordell sich stärker auf die internationale Expansion konzentrierte.

Die Teams, mit denen wir gearbeitet haben, berichten, dass sie am meisten von regelmäßigen Gesprächen über die Stärken jedes Einzelnen im Kontext des Teams und seiner aktuellen Ziele profitiert hätten. Wie die Erfahrung der Führungsgruppe bei Hampton zeigt, profitiert jeder von einem grundlegenden Verständnis der Talente der anderen, egal ob das Team seit 15 Tagen oder seit 15 Jahren zusammenarbeitet. Wenn Teams in der Lage sind, eine gemeinsame Sprache der Talente zu finden, verändert dies sofort die Kommunikation, schafft mehr positive Dialoge und erhöht das gesamte Teamengagement.

Was starke Teams gemeinsam haben

Wenn Sie erst einmal die richtigen Leute in Ihrem Team haben, ist es relativ leicht zu sagen, ob Sie in die richtige Richtung gehen. Gallup untersucht seit nahezu vier Jahrzehnten Führungsteams, und wir kennen einige sichere Anzeichen für starke, leistungsbereite Teams:

1. **Konflikte können starke Teams nicht zerstören, denn starke Teams sind auf die Ergebnisse konzentriert.** Anders als gemeinhin angenommen sind die erfolgreichsten Teams nicht diejenigen, deren Mitglieder immer einer Meinung sind. Sie zeich-

nen sich häufig vielmehr durch eine gesunde Streitkultur aus – und teilweise auch durch hitzige Wortgefechte. Was ein starkes von einem nicht funktionierenden Team unterscheidet, ist, dass Streitigkeiten es nicht auseinanderbrechen lassen. Statt in schwierigen Zeiten immer stärker in die Isolation zu geraten, gewinnen diese Teams an Stärke und entwickeln Zusammenhalt. Gute Teams können durch Konflikte wachsen, weil sie ihren Fokus wie einen Laserstrahl auf die Ergebnisse bündeln. Top-Teams arbeiten mit Tatsachen und Fakten und versuchen so objektiv wie möglich zu sein. Deshalb bleiben sie, egal wie unterschiedlich die Sichtweisen sein mögen, einig bei der Suche nach der Wahrheit. Teammitglieder können streiten, aber am Ende stehen sie auf derselben Seite. Ganz anders brüchige Teams: Sie neigen dazu, Konflikte persönlich zu nehmen, und schaffen dadurch immer tiefere Gräben.

2. **Starke Teams legen fest, was für die Organisation am besten ist, und bewegen sich dann voran.** Sicher gibt es einen Wettstreit um Ressourcen und unterschiedliche Standpunkte, aber die besten Teams sind in der Lage, das übergeordnete Ziel im Blick zu behalten. Die Mitglieder leistungsstarker Teams können ihr eigenes Ego dem Wohl des Unternehmens unterordnen. Und wenn eine Entscheidung einmal getroffen ist, sind diese Teams bemerkenswert schnell darauf eingeschworen. Wir arbeiteten mal mit einem Team zusammen, das lange und ausgiebig darüber stritt, ob man in eine große neue Idee investieren solle. Als nach monatelanger heftiger Diskussion die Entscheidung getroffen wurde, wäre es für John, der die Auseinandersetzung technisch gesehen »verloren« hatte, ein Leichtes gewesen, sich in die Ecke zu setzen und zu schmollen. Doch es geschah genau das Gegenteil. Wie andere herausragende Teammitglieder aus unseren Untersuchungen kam John schnell über den Streit hinweg und fragte: »Was kann ich dazu beitragen, damit es funktioniert?« Wenn eine Entscheidung einmal getroffen ist, ziehen alle Mitglieder eines starken Teams an einem Strang, um sich gegenseitig (und dem Unternehmen) zum Erfolg zu verhelfen.

3. **Die Mitglieder starker Teams sind im Privatleben ebenso engagiert wie bei der Arbeit.** Die besten Teams, die wir untersuchten, schienen in einem Widerspruch zu leben. Einige der produktivsten Teammitglieder arbeiten enorm viel und tragen höchste Verantwortung. Manche arbeiten 60 Stunden in der Woche und sind häufig auf Geschäftsreise. Dennoch betrachten sie ihr Leben als ausgewogen. Sie scheinen genügend Zeit zu haben, um etwas mit ihren Familien zu unternehmen. So hart sie für das Unternehmen auch arbeiten, sie scheinen sich mit demselben Ausmaß an Energie und Intensität um ihre Familien, um soziale Belange und ihren Freundeskreis zu kümmern. Als wir Mervyn Davies von Standard Chartered interviewten, sagte er uns, die Zeit, die er mit seiner Frau und seinen beiden Kindern verbringe, erfülle ihn mit ebenso viel Stolz wie die herausragende Performance seiner Bank. Für einen Außenstehenden mag das überraschend sein, doch Davies schilderte, wie er sich bemüht, seiner Familie am Wochenende hundertprozentige Aufmerksamkeit zu schenken. Diese Philosophie weitet er auf alle Mitarbeiter seiner Bank aus, und er ermuntert sie immer, ihre Familien an oberste Stelle zu setzen. Alles spricht dafür, dass die Mitglieder der erfolgreichsten Teams hoch engagiert bei ihrer Arbeit und überaus zufrieden mit ihrem Privatleben sind. Durch diesen Anspruch, der vielen anderen als unerreichbar vorkommt, ziehen sie neue Mitglieder an, die dasselbe wollen. Ein so hohes Engagement ist dann ein leuchtendes Beispiel für die gesamte Organisation.

4. **Starke Teams begrüßen die Verschiedenheit.** Unsere Arbeit mit Führungsteams der innovativsten und erfolgreichsten Unternehmen der Welt hat eine schlichte Wahrheit enthüllt: Ein Team aus Individuen, die eine ähnliche Sicht der Dinge, einen vergleichbaren Bildungshintergrund sowie übereinstimmende Erfolgsbilanzen und Ansätze haben, ist keine solide Grundlage für Erfolg. Weiter oben haben wir ausgeführt, warum Führungsteams Stärkenvielfalt benötigen – und idealerweise auch Personen einschließen, die ausgeglichene Stärken in verschiedenen Füh-

rungsdimensionen aufweisen. Aber die Verschiedenheit geht weit über die Teamstärken hinaus. Wir konnten auch feststellen, dass die engagiertesten Teams eine Vielfalt in puncto Alter, Geschlecht und Herkunft begrüßten, während für nicht emotional gebundene Teams das Gegenteil gelten mag. Die Forschungsarbeit von Gallup enthüllte beispielsweise, dass nicht emotional gebundene Teammitglieder mit einer um 33 Prozent höheren Wahrscheinlichkeit an Kündigung denken, wenn ihr Vorgesetzer eine andere Hautfarbe hat (im Vergleich zu jenen, die einen Vorgesetzten gleicher Hautfarbe haben). Wenn wir dagegen hoch emotional gebundene Teams untersuchen, bleiben diese Personen sogar mit einer etwas höheren Wahrscheinlichkeit beim Unternehmen, falls ihr Vorgesetzter eine andere Hautfarbe hat. Während also ein nicht emotional gebundener Mitarbeiter eher seine Stelle kündigt, falls er einen Vorgesetzten mit anderer Herkunft hat, verlässt ein hoch emotional gebundener Mitarbeiter unter denselben Umständen das Unternehmen eher seltener. Die am stärksten emotional gebundenen Teams betrachten Individuen im Hinblick auf ihre natürlichen Talente, nicht auf äußerliche Merkmale. Dadurch bleibt das Team auf das Potenzial jedes Einzelnen konzentriert und minimiert den Einfluss überflüssiger Hindernisse.

5. **Starke Teams ziehen andere Talente an.** Man kann starke Teams auch daran erkennen, dass jeder dazugehören will. Manch einer kann es schwer nachvollziehen, dass jemand Teil eines Teams sein will, das länger und härter arbeitet und dazu auch noch extrem hohe Anforderungen stellt. Dies gilt umso mehr, wenn diese Teams sich durch starken Wettbewerb und besondere Ergebnisverantwortlichkeit auszeichnen. Doch trotz all dieser Folgen und trotz des Drucks sind es genau Ihre potenziellen neuen Stars, die in diese Teams hineinwollen. Sie betrachten die Top-Teams als Ort der Stimulation – als einen Ort, an dem sie ihre eigenen Führungsqualitäten unter Beweis stellen und echte Impulse geben können.

Anstatt sich von den hohen Ansprüchen und der Verantwortung abschrecken zu lassen, suchen sie gerade diese Teams. In einem Leadership-Interview mit Gallup schilderte der frühere UNO-Generalsekretär Kofi Annan, dass man für den Aufbau eines starken Teams in einer Organisation dieselben Bestandteile braucht wie für eine erfolgreiche Fußballmannschaft.[27] Annan ermuntert die Teams, »koordiniert zu spielen«, fügt aber hinzu, dass dies »individuelle Brillanz« nicht ausschließen dürfe. Solange die Brillanten uns zum selben Ziel führen, erklärt Annan, stärke das individuelle Talent sogar das gesamte Team. Im Ergebnis üben erfolgreiche Teams häufig einen unternehmensweiten Einfluss aus.

Der Aufbau eines starken Teams erfordert ein hohes Maß an Zeit und Mühe. Es ist ein guter Anfang, wenn man in einem Team die richtigen Stärken versammelt, doch das allein reicht nicht aus. Damit ein Team nachhaltiges Wachstum erzeugen kann, muss seine Führungskraft fortwährend in die Talente jedes Einzelnen und in verbesserte Beziehungen der Mitglieder untereinander investieren. Wenn einem Teamchef das gelingt, dann kann das gesamte Team noch mehr Zeit für die Bedürfnisse der Kunden verwenden.

---

[27]   Gallup-Leadership-Interview mit Kofi Annan am 27. Juli 1999.

Teil III:
Warum Menschen sich führen
lassen

Die erfolgreichsten Führungskräfte führen eine größere Gruppe von Menschen in Richtung der Ziele, Aufgaben und Vorstellungen eines Unternehmens. Sie führen. Die Leute lassen sich führen. Dennoch wird selten untersucht, warum Menschen sich führen lassen. Der Großteil der Forschung über Führung der vergangenen Jahre – auch die Untersuchungen von Gallup zu diesem Thema – übersieht möglicherweise einen entscheidenden Punkt: Man kann nur führen, wenn andere sich führen lassen. Eine Führungskraft ist nur so stark wie die Verbindungen, die sie mit jeder geführten Person herstellen kann, sei es eine oder eine Million. *Dennoch konzentrieren wir uns auf die Führungskräfte und übersehen beinahe ihren Einfluss auf die von ihnen geführten Menschen und deren Ansichten.*

Eins der Probleme dabei ist, dass wir Führungskräfte isoliert von den Beziehungen untersucht haben, die ihnen Bedeutung verleihen. Wie der legendäre Investor Warren Buffett es definierte: »Eine Führungskraft ist jemand, der Dinge durch andere Menschen schafft.«[28] Es mag also interessant sein, die Ansichten einer Führungskraft zu erforschen, doch sie sind möglicherweise nicht der richtige Maßstab, um zu begreifen, warum Menschen sich von dem einen führen lassen und einen anderen ignorieren.

Wenn Sie wissen wollten, warum der Präsident der Vereinigten Staaten das Leben der amerikanischen Öffentlichkeit beeinflusst, würden Sie *ihn* nach den Antworten fragen – oder seine Wählerschaft? Wenn Unternehmen wissen wollen, warum ein Produkt beliebt ist, fragen sie ihre Kunden. Wenn wir also erfahren wollen, warum die Menschen sich um eine bestimmte Führungskraft versammeln, sollten wir nicht *sie* fragen, warum sie sich führen lassen – oder wie eine große Führungspersönlichkeit ihr Leben positiv verändert hat? Wenn Sie führen möchten, müssen Sie wissen, was die Menschen um Sie herum brauchen und von Ihnen erwarten.

---

[28] Boden, A. und Ashurov, A. (28.04.2003). A walk in the rain with Warren Buffett (elektronische Version). *The Harbus.*

Warum lassen Menschen sich führen?

Um zu erforschen, warum Menschen sich führen lassen, führte Gallup von 2005 bis 2008 eine formale Studie durch. Wir wollten wissen, was durchschnittliche Personen über Führung denken – und nicht wie Experten, Historiker, CEOs, Prominente und Politiker den Begriff »Führung« für sich selbst definieren. Im Gegensatz zu anderen Studien zu diesem Thema, die hauptsächlich auf Fallstudien, Interviews, Untersuchungen einzelner Unternehmen oder Stichproben beruhen, wurde bei dieser Untersuchung eine Zufallsauswahl unter über 10.000 Befragten vorgenommen, die per Gallup-Umfrage kontaktiert wurden (siehe Anhang). Auf diese Weise konnte unser Team Führung jenseits des Firmenumfelds untersuchen – Führung in sozialen Netzwerken, an Schulen, in Kirchen und Familien.

Wir beschlossen, unsere Studie nach ein paar Fragestellungen zur Vorauswahl auf die folgende Schlüsselfrage auszurichten:

Welche Führungspersönlichkeit hat den positivsten Einfluss auf Ihr tägliches Leben? Nehmen Sie sich ruhig etwas Zeit, um über diese Frage nachzudenken. Sobald Sie sich für jemanden entschieden haben, notieren Sie seine Initialen.

Wenn die Befragten jemanden aufgeführt hatten, führten wir das Thema fort:

Bitte schreiben Sie drei Wörter auf, die am besten beschreiben, welchen Beitrag diese Person zu Ihrem Leben leistet.

a. _____

b. _____

c. _____

Jedes Wort in dieser Frage wurde äußerst sorgfältig gewählt. Der erste Teil zwang jede Person, eine spezifische »Führungskraft« zu bestimmen, die »den positivsten Einfluss« auf ihr tägliches Leben hatte. Das Wort *positiv* sollte sicherstellen, dass wir keine Führungskräfte mit überwiegend negativem Einfluss untersuchten. Wie Peter Drucker einmal sagte: »Die drei größten Führer des 20. Jahrhunderts waren Hitler, Stalin und Mao. Wenn das Führung ist, möchte ich lieber nicht mitmachen.«[29]

Nachdem sie im ersten Teil dieser Frage eine Führungspersönlichkeit identifiziert hatte, baten wir jede Person, drei Wörter aufzuschreiben, um zu beschreiben, *welchen Beitrag diese zu ihrem Leben leistete.* So konnte unser Team Tausende offene Antworten von Befragten zusammentragen, anstatt sie aus theoretischen Kategorien auswählen zu lassen, was ihre Rückmeldung beeinflusst hätte. Statt Kategorien wie »Vision« oder »Ziel« aufzuführen – was im Bereich der Führungsforschung bereits viel Aufmerksamkeit beansprucht –, entschieden wir uns, die Befragten definieren zu lassen, inwieweit Führungspersönlichkeiten ihr Leben veränderten ... und zwar *mit ihren eigenen Worten.*

Als Ergänzung unserer Ausgangsuntersuchung erforschten wir die 25 am häufigsten verwendeten Wörter. Zu unserem Erstaunen tauchten die »üblichen Verdächtigen« wie *Bestimmung, Weisheit, Humor* und *Bescheidenheit* nicht ganz oben auf der Liste auf.

Bei der weiteren Durchsicht der Beschreibungen begannen sich bestimmte Muster abzuzeichnen. In einigen Fällen hatten über 1.000 Personen genau dasselbe Wort aufgeschrieben, ohne dass ihnen irgendeine Kategorie oder Option vorgegeben worden wäre. In Anbetracht dessen, dass die englische Sprache über 170.000 Wörter umfasst, war das beeindruckend. Anscheinend haben »geführte« Menschen eine sehr klare Vorstellung davon, was sie sich von den einflussreichsten Führungspersönlichkeiten ihres Lebens wünschen und erhoffen: Vertrauen, Mitgefühl, Stabilität und Hoffnung.

---

[29] Ward, A. (2006). Looking for leaders (elektronische Version). *Leadership.*

Die vier Grundbedürfnisse von »Geführten«

Vertrauen
Mitgefühl
Stabilität
Hoffnung

Vertrauen

Eine der von uns interviewten Führungspersönlichkeiten sagte: »Die Wahrheit ist eine Verpflichtung – man steht für sein Versprechen ein. Wenn Sie signalisieren, dass Ihr Wort nicht viel wert ist, bekommen Sie dafür die Quittung.« Wie die verschiedensten politischen und wirtschaftlichen Skandale gezeigt haben, wird Unaufrichtigkeit von »Geführten« nicht geduldet. Auf jeder Ebene, ob Sie nun Abteilungsleiter, Geschäftsführer oder Staatsoberhaupt sind, könnte Vertrauen die entscheidende Grundlage des Führens sein.

Die von uns befragten Personen erwähnten auch Ehrlichkeit, Integrität und Respekt als individuelle Beiträge von Führungspersönlichkeiten zu ihrem Leben. Ein ernster Vertrauensbruch kann einen Vorstandsvorsitzenden, den CEO eines großen Unternehmens, eine Freundschaft oder eine Ehe zerstören. Auf einer gemäßigteren Ebene sprachen unsere Interviewpartner häufig davon, dass Ehrlichkeit, Vertrauen und Respekt auch als grundlegende Beziehungsfilter dienen, um zu entscheiden, mit wem sie bei der Arbeit ihre Zeit verbringen wollen.

Die jüngste Gallup-Studie über Vertrauen und Führung legt auch nahe, dass diese Grundlage eng mit der emotionalen Mitarbeiterbindung verknüpft ist. Eine unserer nationalen Umfragen ergab, dass *Mitarbeiter, die der Firmenleitung nicht vertrauen, lediglich mit einer Wahrscheinlichkeit von 1 zu 12 emotional gebunden sind.*[30] In star-

---

[30] Gallup-Umfrage basierend auf Telefoninterviews mit 1.009 berufstätigen Erwachsenen ab 18 Jahren, durchgeführt im Februar 2002. Für die Ergebnisse dieser Stichprobe kann man mit 95-prozentiger Zuverlässigkeit eine Fehlerquote von plus/minus 3 Prozentpunkten zugrunde legen.

kem Gegensatz dazu liegt die Wahrscheinlichkeit für die emotionale Bindung derjenigen Mitarbeiter, die der Unternehmensführung vertrauen, bei über 1 zu 2 – also mehr als *sechs Mal* so hoch.

Vertrauen erhöht auch die Geschwindigkeit und die Effizienz am Arbeitsplatz. Wenn zwei Menschen, die einander nicht gut kennen, am selben Projekt arbeiten, brauchen sie beachtlich viel Zeit, bis sie produktiv zusammenarbeiten können. Es kann zu einer längeren Kennenlernphase kommen – einen Zeitraum, in dem zwei Menschen einander aufmerksam beobachten. Wenn man mit einem Kollegen nicht vertraut ist, dann kann es eine Weile dauern, bis man sich an seinen Arbeitsstil und seine Persönlichkeit gewöhnt hat.

Sobald zwischen zwei Personen eine gewisse Vertrauensgrundlage geschaffen ist, können sie Leistungen in einem Bruchteil der Zeit erbringen, die andere Kollegen ohne diese Bindung benötigen würden. Wenn Vertrauen besteht, kann man die Formalitäten weglassen und unmittelbar zum Wichtigen übergehen. Wie Kofi Annan sagte: »Wenn man keine Beziehung zueinander hat, fängt man jedes Mal wieder bei Null an.«

Sie werden feststellen, dass die Mission Statements von Unternehmen häufig Integrität, Vertrauen und Ehrlichkeit zum Inhalt haben. Dagegen ist nichts zu sagen – sie sprechen grundlegende menschliche Werte an und stützen sich auf den Wert dauerhafter Beziehungen. Brad Anderson von Best Buy beschrieb Vertrauen als »das am meisten geschätzte und wertvollste Gut der Arbeitswelt«.

Um mehr über diese grundlegende Führungsvoraussetzung zu erfahren, stellen wir schon seit vielen Jahren Tausenden von Führungskräften diese Frage: »*Wie überzeugen Sie andere von Ihrer Ehrlichkeit?*« Man sollte annehmen, dass eine großartige Führungskraft eine aufschlussreiche Antwort darauf hat, doch bei den Besten ist das nicht der Fall. Stattdessen reagieren sie überrascht, intuitiv und beinahe feindselig auf diese Frage. Top-Führungskräfte antworten oft im Sinne von »Ich bin es einfach« oder, wie einer es formulierte: »Die Leute wissen es eben. Sie erleben mein Verhalten und wissen, dass sie sich auf mich verlassen können.« Brad Andersons Schlüssel zum Vertrauensaufbau ist Authentizität, selbst wenn das bedeutet, seine Fehler zu offenbaren. Als Führungskraft sieht er keine Alternative zur Ehrlichkeit – auch bei der Überbringung unangenehmer Nachrichten – weil dies die einzige Methode ist, Vertrauen zu bilden.

Respekt, Integrität und Ehrlichkeit sind die Ergebnisse starker, auf Vertrauen aufgebauter Beziehungen. Sie müssen nicht diskutiert werden – genau wie Top-Führungskräfte wissen, dass sie ihre Zeit nicht mit Beweisen für ihre Aufrichtigkeit vergeuden müssen. So war es eine der überraschendsten Beobachtungen unserer Teamstudie, wie *wenig* erfolgreiche Teams über Vertrauen sprechen. Im Gegensatz dazu beherrschte das Thema geradezu die Diskussionen schwacher Teams. Das zeigt deutlich, wie Beziehungen sich in florierenden Unternehmen entwickeln. Beim Aufbau von Vertrauen sind Beziehungen weitaus wichtiger als Kompetenz.

Mitgefühl

Leider zeigen die meisten Führungskräfte nur zaghaft echtes Mitgefühl für die Menschen, die sie führen, jedenfalls nicht so, wie sie das bei Freunden oder Angehörigen tun würden. Unsere Studie zeigt jedoch, dass diese Führungskräfte gut daran täten, sich ein Beispiel an großen Managern zu nehmen, die sich eindeutig um jeden Einzelnen ihrer Mitarbeiter kümmern.

Fürsorge, Freundschaft, Glück und *Liebe* waren weitere häufig gewählte Wörter, mit denen die Befragten den Beitrag von Führungspersönlichkeiten zu ihrem Leben beschrieben. Das war nicht allzu überraschend: Im Verlauf der Jahre hat Gallup umfangreiche Belege für den Einfluss fürsorglicher Manager zusammengetragen. Wir haben über 10 Millionen Menschen befragt zum Thema »Mein Vorgesetzter/Meine Vorgesetzte oder eine andere Person bei der Arbeit interessiert sich für mich als Mensch«. Und wir stellten fest, dass Personen, die diesem Satz zustimmen,

> ➤ signifikant häufiger in ihrem Unternehmen bleiben,

> ➤ viel mehr emotional gebundene Kunden haben,

> ➤ erheblich produktiver sind und

> ➤ dem Unternehmen mehr Gewinn bringen.[31]

Für die Leiter von Unternehmen ist es offensichtlich eine große Herausforderung, dass es so schwierig ist, enge Beziehungen innerhalb einer Firma mit Tausenden von Angestellten herzustellen. Als wir die Teilnehmer der Studie eingehender zu den »Unternehmenslenkern« und »globalen Führungspersönlichkeiten« befragten, die einen positiven Einfluss haben, fanden wir heraus, dass die Leute von hochrangigen Geschäftsführern oder globalen Führungspersönlichkeiten mehr an grundsätzlich positiver Energie und »Mitgefühl« erwarten – verglichen mit den sehr viel intimeren Begriffen (wie *Fürsorge*), die sie zur Beschreibung ihrer direkten Vorgesetzten verwendeten.

Oder wie Mervyn Davies von Standard Chartered erklärte, ein Geschäftsführer muss eine positive Ausstrahlung haben, weil Mitarbeiter einfach nicht »von negativen Menschen geführt werden wollen«. Auf persönlicher Ebene war Davies' Mitgefühl mit den Mitarbeitern von Standard Chartered immer sichtbar. Er ging nicht nur sehr offen mit seinen eigenen Herausforderungen um, als seine Frau gegen den Brustkrebs kämpfte, sondern kümmerte sich ebenso um die geistige und körperliche Gesundheit seiner Mitarbeiter. Davies rief verschiedene Programme ins Leben, die das allgemeine Wohlbefinden der Mitarbeiter fördern sollten, und forderte seine direkten Teammitglieder stets dazu auf, die Familie an erste Stelle zu setzen. Er wusste: Wenn die Leute ihr Unternehmen wirklich lieben sollen, dann braucht es ein Herz.

---

[31] Buckingham, M. und Coffman, C. (1999). *First, break all the rules: What the world's greatest managers do differently*, New York.

Stabilität

Wer sich führen lässt, möchte eine Führungskraft, die eine solide Grundlage schafft. Die Befragten berichteten, die besten Führungskräfte seien jene, auf die sie sich in Zeiten der Not jederzeit verlassen können. Zudem erwähnten sie auch die Worte *Sicherheit, Stärke, Unterstützung* und *Frieden*. Wenn Sie führen, müssen Ihre »Geführten« auch wissen, dass Ihre Grundwerte beständig sind. Das schützt sie gegen unnötige Veränderungen und stellt sicher, dass sie die Erwartungen kennen.

Unser Bedürfnis nach Stabilität und Sicherheit beeinflusst nahezu jede unserer Entscheidungen. Unermüdlich versuchen Politiker uns davon zu überzeugen, dass wir sicherer sind, wenn wir Ihnen unsere Stimme geben. Geistige Führungspersonen sind oft große Verfechter von Stabilität, denn ihre Botschaften werden gerade in Krisen- oder Boomzeiten wahrgenommen. Gute Lehrer, die täglich Schulklassen führen, wissen um die Bedeutung von nachhaltiger Unterstützung und Sicherheit für ihre Schüler.

Für ein Unternehmen ist es entscheidend, sich zu entwickeln, sich zu verändern und zu wachsen, doch gleichzeitig muss es seinen Mitarbeitern Stabilität und Vertrauen bieten. Ganz grundlegend benötigen sie Lohn und das Gefühl der Arbeitsplatzsicherheit. Wenn Manager und Führungskräfte diese Grundbedürfnisse nicht erfüllen, können sie mit Widerstand rechnen. Mitarbeiter, die großes Vertrauen in die finanzielle Zukunft ihrer Firma haben, sind *neun Mal* engagierter in ihrem Job als jene, die weniger Vertrauen in die finanzielle Zukunft ihres Unternehmens haben.[32]

Unser Gespräch mit Simon Cooper, dem Direktor des Ritz-Carlton, machte deutlich, dass er es für eine der wichtigsten Facetten seines Berufs hält, Essen auf den Tisch von Familien in aller Welt zu bringen. Das grundsätzliche Wohlergehen seiner Teilzeitkräfte in Jakarta lag ihm

---

[32] Gallup-Umfrage basierend auf Telefoninterviews mit 3.008 berufstätigen Erwachsenen über 18 Jahre, durchgeführt zwischen April 2004 und Mai 2005. Für die Ergebnisse dieser Stichprobe kann man mit 95-prozentiger Zuverlässigkeit eine Fehlerquote von plus/minus 3 Prozentpunkten zugrunde legen.

ebenso sehr am Herzen wie das seiner wohlhabenden Gäste. Wenn es um Expansionen ging, achtete Cooper darauf, keine neuen Arbeitsplätze zu schaffen, die im Falle eines wirtschaftlichen Misserfolgs schon nach kurzer Zeit wieder hätten gestrichen werden müssen.

Auf Unternehmensebene kann Sicherheit durch nichts besser erzeugt werden als durch Transparenz. Mitarbeiter brauchen ein grundlegendes Vertrauen bezüglich ihrer Karriereziele und der finanziellen Lage ihres Arbeitgebers. Wir arbeiteten einmal mit einem großen Maschinenbauunternehmen, bei dem sämtliche Betriebsinformationen und Zahlen mit Ausnahme der Lohndaten für jedermann in der Firma ohne Weiteres zugänglich waren. Sie hielten die Mitarbeiter auch jederzeit über ihre Fortschritte auf dem Weg zum Unternehmensziel auf dem Laufenden. Und was vielleicht das Wichtigste war: Die Führungskräfte der gesamten Firma zeigten ihren Untergebenen, auf welche Weise sie die Unternehmenskennzahlen wie Kosten, Gewinn und Umsatz unmittelbar beeinflussen konnten. Das gibt den Mitarbeitern Stabilität und Vertrauen und ebnet den Weg zu raschem Wachstum.

Hoffnung

Dieses Bedürfnis liegt auf einer höheren Ebene und bildet eine interessante Herausforderung; es scheint, dass »geführte« Personen Stabilität für den Augenblick *und* Hoffnung für die Zukunft möchten. Sie benutzten auch die Begriffe *Richtung, Vertrauen* und *Leitung*, um dieses grundlegende Bedürfnis zu beschreiben.

Als Gallup untersuchte, welchen Einfluss Führungskräfte im gesamten Unternehmen haben können, stellten wir den Mitarbeitern nur eine einzige, aber höchst aufschlussreiche Frage, nämlich ob die Unternehmensführung sie »für die Zukunft begeistern« könne. 69 Prozent der Befragten, die diese Frage bejahten, waren hoch emotional gebunden an ihren Arbeitsplatz, verglichen mit lediglich 1 Prozent derjenigen, die nicht zustimmten.[33] Vor diesem Hintergrund betrachtet scheint dies derjenige Bereich zu sein, in dem höherrangige Führungskräfte in ihrem Unternehmen den größten Einfluss ausüben können.

Man könnte annehmen, Hoffnung zu vermitteln sei ein offensichtliches Erfordernis für das Führen anderer Menschen. Hoffnung gibt »Geführten« etwas, worauf sie sich freuen können, und zeigt ihnen einen Weg durch Chaos und Komplexität. Zu wissen, dass die Dinge in Zukunft besser sein können und werden, ist ein starker Motivator. Wo Hoffnung fehlt, verlieren die Menschen das Vertrauen, engagieren sich nicht mehr und fühlen sich oft hilflos.

Das macht die Rolle eines Geschäftsleiters in schwierigen Zeiten sogar noch wichtiger. Und dennoch verwendeten die meisten von uns befragten Führungskräfte *nicht* genug Zeit darauf, bewusst Hoffnung und Optimismus für die Zukunft zu schaffen. Vielmehr berichteten sogar die höchstrangigen Vorgesetzten, dass sie fast die gesamte Zeit damit zubringen, auf das Tagesgeschäft zu *reagieren*, anstatt Zukunftsweisendes *anzupacken*.

Es ist ihnen vielleicht gar nicht bewusst, aber Führungskräfte, die immer nur reagieren, vermitteln den Eindruck, als hätten sie nicht die Kontrolle, sondern würden nur von den alltäglichen Anforderungen herumgeschubst. Entscheiden sie sich dagegen, die Initiative zu ergreifen, kann nur dies allein schon Zukunftshoffnungen wecken. Einer der Geschäftsführer, mit denen wir arbeiteten, trat angesichts einer maßgeblichen wirtschaftlichen Krise dieser Herausforderung entschieden entgegen. In einer Nachricht an Tausende seiner Mitarbeiter weigerte er sich, »auf diese Krise mit Einsparungen oder Entlassungen zu reagieren«. Stattdessen schilderte er, wie das Unternehmen die Lage durch sogar mehr Neueinstellungen als geplant und durch die aggressive Eroberung neuer Marktsegmente zu meistern gedenke. Eine solche Initiative gibt Hoffnung und bekämpft die Hilflosigkeit.

---

[33] Gallup-Umfrage basierend auf Telefoninterviews mit 3.008 berufstätigen Erwachsenen über 18 Jahren, durchgeführt zwischen April 2004 und Mai 2005. Für die Ergebnisse dieser Stichprobe kann man mit 95-prozentiger Zuverlässigkeit eine Fehlerquote von plus/minus 3 Prozentpunkten zugrunde legen.

Im Rahmen unserer Forschung fragen wir Führungskräfte regelmäßig, ob sie mehr Zeit für Initiativen oder für Reaktionen verwenden. Obwohl sie meist behaupten, die Initiative zu ergreifen, verbringen sie tatsächlich den größten Teil ihrer Zeit mit dem Reagieren. Zu der Studie gehört auch, dass wir den Führungskräften eine Reihe von Szenarios präsentieren, die sie nach Priorität ordnen sollen, und in den meisten Fällen wählten sie nicht die eine (von vier) Optionen, bei der Initiative eingeschlossen war. Stattdessen maßen sie dem Reagieren stets eine höhere Wichtigkeit zu. Selbst wenn wir die Führungspersönlichkeiten zuvor durch unsere Frage anregten, ob sie mehr Zeit für Initiativen oder mehr für Reaktionen verwendeten, schienen die meisten gar nicht anders zu können, als zu reagieren.

Die Fortschritte unserer Karriere sind oft abhängig davon, wie effektiv wir auf zeitnahe Anforderungen reagieren. Das ist eine Herausforderung. Wenn großer Wert darauf gelegt wird, solche Probleme zu lösen, entsteht eine Kultur, in der Führungskräfte wenig bis gar keine Zeit haben, um darüber nachzudenken, was sie tun *könnten*, weil sie mehr Lob erhalten, wenn sie einfach tun, was getan werden *muss*.

Es gibt noch einen Grund, warum wir im kontinuierlichen Reaktions-Modus hängen bleiben: weil es einfacher ist. Es ist viel leichter, sich auf ein kleines Ziel zu einigen – zum Beispiel täglich den Posteingang abzuarbeiten –, als sich ein größeres und anspruchsvolleres Ziel zu setzen – wie etwa die Einführung eines neuen Produkts oder eine Umsatzverdoppelung in drei bis fünf Jahren. Vielen Menschen liegt es, Probleme zu lösen und Hindernisse wegzuräumen, wohingegen es viel härtere Arbeit bedeutet, die Initiative zu ergreifen.

Das Lösen schwieriger Probleme ist sicher ein entscheidendes Element effektiver Führung, aber das Identifizieren von Zukunftschancen spielt eine viel wichtigere Rolle beim Erzeugen von Hoffnung und Optimismus. Wie Wendy Kopp von Teach For America bewiesen hat, bedurfte es einer großen Vision und ihrer aktiven Verwirklichung dieser Idee, um Tausenden von Lehrern, Schülern und der gesamten Nation Hoffnung zu geben. »Im Grunde habe ich gelernt, dass ich mehr brauchte als eine idealistische Vision, wenn ich meine Mission erfüllen wollte«, schrieb Kopp in ihrem Buch. »Die tolle Idee war letztlich wichtig und entscheidend. Aber sie funktionierte nur, indem ich all den praktischen Details ihrer effektiven Umsetzung viel Aufmerksamkeit schenkte.«

Eine der größten Aufgaben von Führungskräften ist es, neue Bestrebungen anzuregen, die das Unternehmenswachstum fördern. Wenn schon eine Führungspersönlichkeit keine Hoffnung bietet und den Menschen keinen Weg nach vorn zeigen kann, wer sonst sollte es dann tun?

Führung lebt fort

Wenn wir unsere finanziellen Ressourcen investieren, dann wissen wir, dass wir vorzugsweise auf aufstrebende Fonds, Aktien und Unternehmen setzen sollten. Die meisten von uns sind klug genug, ihr Geld nicht in eine Firma zu stecken, die ums Überleben kämpft. Wenn es jedoch darum geht, unsere persönlichen Ressourcen zu investieren, vergeuden wir immer wieder Zeit und Energie an beständige Verlierer. Statt unsere natürlichen Talente zu verfeinern, streben wir danach, das zu ergänzen, was die Natur uns verweigert hat.

Die erfolgreichsten Führungskräfte versuchen gar nicht erst, jemand zu werden, der sie nicht sein können. Wann immer sie die Gelegenheit dazu haben, reinvestieren sie in ihre Stärken. Wendy Kopp verwirklichte immer mehr, genau wie Brad Anderson immer neue Bilder der Zukunft entwarf. Aufgrund dieses intensiven Gespürs für ihre Stärken und Grenzen konnten diese Führungspersönlichkeiten sich mit den richtigen Leuten zusammenschließen, um beispielloses Wachstum zu erzielen.

Führungspersönlichkeiten bleiben sich treu – und dann sorgen sie dafür, dass sie die richtigen Leute um sich versammeln. Wer sich nur mit ähnlich gelagerten Persönlichkeiten umgibt, wird langfristig immer im Nachteil gegenüber denjenigen sein, die genügend Selbstsicherheit besitzen, um sich Partner mit ergänzenden Stärken zu suchen. Wie Sie von den hier interviewten Führungspersönlichkeiten erfahren haben, suchten sie immer nach Menschen, die bestimmte Dinge viel *besser* konnten als sie selbst.

Die erfolgreichsten Führungskräfte schaffen es, dass Menschen sich gern von ihnen führen lassen. Um eine Ebene zu erreichen, auf der Ihr Lebenswerk und Ihre Mission Sie überdauern, müssen Sie nicht nur selbst eine Führungspersönlichkeit sein, sondern auch Ihre Mitarbeiter dahin bringen, erfolgreiche Führungskräfte zu werden. Mervyn Davies, der Vorstandsvorsitzende von Standard Chartered, formulierte es so: Solange Sie nicht in der Lage sind, auf Kommando eine Liste der Menschen zu erstellen, die Sie gefördert haben, ist Ihre Führungsposition vielleicht nur ein Zufall. Deshalb fordert Davies all seine direkten Mitarbeiter auf, die von ihnen geförderten Personen aufzulisten, und dasselbe sollen sie wiederum mit ihren jeweiligen Mitarbeitern tun. Er hat verstanden, dass man nur dann einen nachhaltigen Einfluss ausüben kann, wenn man ein Netzwerk starker Führungskräfte bildet, das von allein zu wachsen beginnt.

Vielleicht ist das der Grund, warum die meisten herausragenden Führungskräfte persönlichen Erfolg nicht als endgültiges Ziel betrachten. Sie erkennen, dass ihre Bedeutung für die Welt in den Händen derjenigen liegt, die nach ihnen kommen. Am Abend des 3. April 1968 predigte Martin Luther King jun.: »Ich werde vielleicht nicht mit euch gehen. Aber ich möchte euch heute Abend sagen, dass wir als ein Volk das Gelobte Land erreichen werden.«[34] Am nächsten Tag kam Dr. King bei einem Attentat ums Leben. Doch sein Einfluss auf die Welt hatte gerade erst seinen Anfang genommen.

Am Tag nach seinem Tod standen bereits Millionen hinter ihm. Bis zum Ende des 20. Jahrhunderts hatte ihre Zahl sich vertausendfacht. Und am Ende unseres Jahrhunderts werden Milliarden Menschen aufgrund von Kings Bemühungen während seiner allzu kurzen 39 Lebensjahre ein besseres Leben führen, ob ihnen das bewusst ist oder nicht.

---

[34] Branch, T. (01.01.2006). »I have seen the promised land« (elektronische Version). *Time*.

Die wohl ultimative Bewährungsprobe für eine Führungspersönlichkeit ist nicht, was sie hier und jetzt tun kann – sondern was weiterhin gedeiht, auch wenn sie schon lange nicht mehr da ist.

Zusätzliche Quellen

Arbeiten mit dem StrengthsFinder

Wir Menschen weisen riesige individuelle Unterschiede auf, und Führungspersönlichkeiten bilden da keine Ausnahme. Die besten Führungskräfte sind sich ihrer natürlichen Stärken absolut bewusst – und auch ihrer Grenzen. Sie wissen, wo sie Zeit investieren müssen, um ihre Talente optimal zum Einsatz zu bringen. Und sie kennen die Gebiete, auf denen ihnen die natürliche Begabung fehlt und sie auf die Hilfe anderer angewiesen sind.

Damit Sie auf Ihre eigenen Stärken und die der Menschen in ihrem Umfeld bauen können, haben wir diesem Buch den Zugang zu einer führungsspezifischen Version des Clifton-StrengthsFinder-Programms beigefügt. Vielleicht kennen Sie den StrengthsFinder bereits aus den Bestsellern *Entdecken Sie Ihre Stärken jetzt!* (Campus Verlag), *Entwickle deine Stärken* (Redline Verlag) oder einem der anderen populären Bücher, die sich mit dieser Selbsteinschätzung beschäftigen. In den vergangenen zehn Jahren hat er Millionen von Menschen in über 50 Ländern dabei geholfen, ihre Stärken zu entdecken und zu beschreiben.

Hinten im Buch finden Sie einen einmaligen Zugangscode, mit dem sie die neueste Version des StrengthsFinder online nutzen können. Wenn Sie die Selbsteinschätzung beendet haben, erhalten Sie eine ganz individuelle stärkenbasierte führungsspezifische Version des StrengthsFinder Berichtes, die ihre fünf wichtigsten Talentthemen aufführt, Ihnen zahlreiche Vorschläge unterbreitet, wie Sie diese im Führungsalltag einsetzen können, und praktische Beispiele für die Anwendung jedes Talentthemas gibt. (Wenn Sie bereits mit dem StrengthsFinder gearbeitet haben, können Sie sich mit dem neuen Code auf der Website einloggen. Dort erfahren Sie, wie Sie die neue Führungsversion Ihres Talentberichtes erhalten, die auf Ihren bereits ermittelten Stärken beruht.)

Im folgenden Abschnitt dieses Buches finden Sie eine kurze Definition von jedem der 34 Talentthemen, Strategien zum Einsatz dieses Talents, um die vier Grundbedürfnisse von »Geführten« zu erfüllen, und Tipps für die Führung *anderer*, die ihre Stärken in diesem Talentthema haben. Der Bericht, den Sie online erhalten, ist stärker auf Ihre Talente zugeschnitten, während die folgenden Abschnitte als Ausgangspunkt für den Einsatz der Stärken Ihres Teams und der Menschen in Ihrem Umfeld dienen sollen.

Führen mit Ihren Stärken:
Ein Leitfaden zu den 34 Talentthemen

Die 34 Talentthemen des StrengthsFinder	
Leistungsorientierung	Zukunftsorientierung
Tatkraft	Harmoniestreben
Anpassungsfähigkeit	Vorstellungskraft
Analytische Stärke	Integrationsbestreben
Arrangeur	Einzelwahrnehmung
Überzeugung	Ideensammler
Autorität	Intellekt
Kommunikationsfähigkeit	Wissbegierde
Wettbewerbsorientierung	Höchstleistung
Verbundenheit	Positive Einstellung
Gerechtigkeit	Bindungsfähigkeit
Kontext	Verantwortungsgefühl
Behutsamkeit	Wiederherstellung
Entwicklung	Selbstbewusstsein
Disziplin	Bedeutsamkeit
Einfühlungsvermögen	Strategie
Fokus	Kontaktfreudigkeit

Führen mit Leistungsorientierung (Achiever)

Menschen mit hoher Leistungsorientierung besitzen viel Ausdauer und arbeiten hart. Sie empfinden es als sehr befriedigend, fleißig und produktiv zu sein.

Vertrauen aufbauen

➤ Andere respektieren Ihr Arbeitsethos und Ihre Hingabe. Harte Arbeit und Produktivität sind sichtbare Zeichen dafür, dass man Ihnen zutrauen kann, alles richtig zu machen. Verdienen Sie sich dieses Vertrauen. Halten Sie Ihre Versprechen.

➤ Bauen Sie Beziehungen zu anderen auf, indem Sie mit ihnen Hand in Hand arbeiten. Gemeinsame harte Arbeit kann zusammenschweißen. Wenn andere sehen, dass Sie bereit sind, mit anzupacken und an ihrer Seite zu arbeiten, stellen Sie eine Verbindung her. Indem Sie ihnen zeigen, dass Sie sich als ihresgleichen und nicht als überlegen betrachten, flößen Sie ihnen Vertrauen und Respekt ein.

Zeigen Sie Mitgefühl

➤ Da Ihnen das Setzen und Erreichen von Zielen immens wichtig ist, sollten Sie diesen Lebensstil auch in anderen Bereichen realisieren. Verbringen Sie nicht genügend Zeit mit den entscheidenden Personen in Ihrem Leben? Wählen Sie jemanden aus, der Ihnen etwas bedeutet, suchen Sie ein Projekt aus, das Sie beide gern verwirklichen würden, und setzen Sie eine Frist. Sie können sich nicht nur an dem Erreichten erfreuen, sondern auch an der gemeinsam verbrachten Zeit.

➤ Setzen Sie jeden Tag mindestens ein »Beziehungsziel« auf Ihre To-do-Liste. Damit geben Sie anderen das Gefühl, Ihrer Zeit und Ihres Engagements würdig zu sein – und Sie selbst haben das Vergnügen, täglich etwas als »erledigt« abhaken zu können.

Vermitteln Sie Stabilität

➤ Auf Ihren Glauben an die Wichtigkeit harter Arbeit und eifriger Bemühungen kann man sich verlassen, und man erwartet es von Ihnen. Andere sehen Ihre Beharrlichkeit und Ihr Streben als Grundvoraussetzungen für ein beständiges, sicheres Leben, und das gibt ihnen Stabilität. Sprechen Sie darüber, wie es sich anfühlt, immer das Äußerste zu geben. Versuchen Sie zu vermitteln, dass das einzig Kontrollierbare im Leben die eigene Anstrengung ist.

➤ Ihre Ausdauer lässt Sie auf andere wie ein Fels in der Brandung wirken. Sie arbeiten ohne Unterlass und scheinen niemals zu ermüden. Vielleicht erregen Sie sogar Mitleid, weil Sie so viele Überstunden machen. Erklären Sie den anderen behutsam, dass sie vielleicht nicht auf diese Weise arbeiten möchten, Sie sich aber gut dabei fühlen. Fragen Sie sie, was ihnen an ihrem eigenen Arbeitsverhalten gefällt. Sie sollten danach streben, andere zu verstehen und zu unterstützen, indem Sie ihnen Zutrauen in ihre eigenen Arbeitsmethoden schenken.

Erwecken Sie Hoffnung

➤ Ihre enorme Energie und Ihr Wunsch, so viel wie möglich zu erledigen, dient anderen als Inspiration. Sie können ihnen Mut machen, wenn Sie wissen, was sie erreichen wollen, und sie nach ihren Fortschritten fragen. Wenn Sie anderen bei der Zusammenstellung von Zeitplänen und Checklisten behilflich sind, können Sie sie beim Erreichen ihrer Ziele und Träume unterstützen.

➤ Das Setzen von Zielen und Fristen, das Sie so motiviert, kann auch anderen bei der Bewältigung großer Projekte sehr hilfreich sein. Sie können eine große, komplizierte Aufgabe lösbarer erscheinen lassen, indem Sie sie herunterbrechen und einzelne Zwischenziele einfügen. Wenn jemand mit einer riesigen Aufgabenstellung Ihren Rat erbittet, zeigen Sie ihm Ihr System, das Ganze in kleinere Schritte einzuteilen.

Führen von Menschen mit starker Leistungsorientierung

➤ Wenn Sie ein Projekt haben, das zusätzliche Arbeit erfordert, wenden Sie sich an diese Person. Im Allgemeinen gilt der Grundsatz »Wenn du etwas erledigt haben willst, frag jemanden, der beschäftigt ist«.

➤ Erkennen Sie, dass diese Person gern fleißig ist. In Meetings herumzusitzen wird sie wahrscheinlich furchtbar langweilen. Lassen Sie sie also entweder ihre Arbeit erledigen oder nur jene Meetings besuchen, in denen Sie sie wirklich brauchen und sie sich voll einbringen kann.

➤ Helfen Sie dieser Person, das Geleistete messbar zu machen. Vielleicht schreibt sie gern die geleisteten Arbeitsstunden auf, aber noch wichtiger wäre, dass sie eine Methode hat, um das insgesamt Erreichte zu messen. Einfache Messgrößen wie zum Beispiel die Anzahl der bedienten Kunden, die mit Namen bekannten Kunden, die überarbeiteten Akten, die kontaktierten Interessenten oder die untersuchten Patienten können dabei hilfreich sein.

➤ Bauen Sie zu dieser Person eine Beziehung auf, indem Sie mit ihr Hand in Hand zusammen arbeiten. Gemeinsame harte Arbeit wird oft zu einer verbindenden Erfahrung für Menschen mit ausgeprägter Leistungsorientierung. Und halten Sie Mitarbeiter mit geringer Leistungsorientierung von ihr fern. »Drückeberger« gehen ihr auf die Nerven.

➤ Wenn diese Person eine Arbeit erledigt hat, will sie kaum mit einer Auszeit oder einer leichten Aufgabe belohnt werden. Viel mehr wird es sie motivieren, wenn Sie ihre Leistungen anerkennen und ihr dann ein neues, herausforderndes Ziel setzen.

➤ Vielleicht braucht diese Person weniger Schlaf und steht früher auf als die meisten anderen. Falls solche Verhaltensweisen und Eigenschaften für eine bestimmte Arbeit erforderlich sind, denken Sie an sie. Stellen Sie Fragen wie »Wie lange mussten Sie arbeiten, um das zu schaffen?« oder »Wann sind Sie heute Morgen gekommen?« Sie wird diese Art der Aufmerksamkeit zu schätzen wissen.

➤ Möglicherweise sind Sie versucht, diese Person zu befördern, weil sie einfach ein Selbststarter ist. Doch das könnte ein Fehler sein, falls es sie von dem wegbringt, was sie am besten kann. Besser wäre es, ihre übrigen Talentthemen und Stärken zu bestimmen und nach Gelegenheiten zu suchen, bei denen sie mehr von dem tun kann, was sie bereits gut beherrscht.

Führen mit Tatkraft
(Activator)

Menschen mit ausgeprägter Tatkraft bringen Dinge ins Rollen, indem sie Gedanken in Handlungen umsetzen. Sie sind oft ungeduldig.

Bauen Sie Vertrauen auf

➤ Handeln ist Ihr oberstes Ziel. Zeigen Sie den Menschen, dass Ihre Ideale und Prinzipien sich nicht auf bloßes Reden beschränken. Tun Sie Dinge, mit denen Sie die Ihnen wichtigen Werte fördern. Seien Sie anders. Zeigen Sie Ihre Integrität. Machen Sie Ihre Worte durch Ihre Handlungen wahr.

➤ Handeln nur um des Handelns willen reicht nicht aus. Die Wünsche anderer zu berücksichtigen ist eine Form des Respekts ihnen gegenüber. Ist das die Richtung, in die sie gehen wollen? Sind Sie bereit, das fortzuführen, was Sie ins Rollen bringen? Indem Sie deutlich machen, dass Sie wirklich auf ihrer Seite sind und nicht nur Ihre Tagesordnung abhaken, bauen Sie Vertrauen und Respekt auf, was Ihnen das Führen ermöglicht.

Zeigen Sie Mitgefühl

➤ Menschen mit besonders viel Tatkraft können Katalysatoren für den Aufbau von Eins-zu-eins-Beziehungen sein und diese dann auf die nächsthöhere Ebene transportieren. Gibt es jemanden, dem Sie helfen können? Bieten Sie sich an. Machen Sie den ersten Schritt, dann wächst die Zahl der Menschen in Ihrem Netzwerk, oder Sie festigen eine Beziehung, die sich zu einer wichtigen Freundschaft entwickelt.

➤ Ihr schnelles Handeln zugunsten anderer vermittelt eine starke Botschaft. Indem Sie Ihre Fürsorge zeigen, können Sie Bindungen viel schneller aufbauen als durch Reden.

Vermitteln Sie Stabilität

➤ Stabilität ist vielleicht nicht das Erste, was Ihnen in den Sinn kommt, wenn Sie über Tatkraft nachdenken. Aber Beständigkeit ist ein Teil der Stabilität – und Sie sind beständig zur Stelle, um anderen beim Überwinden von Schwierigkeiten und Widerständen zu helfen. Sprechen Sie es aus: Lassen Sie andere wissen, dass Sie die Dinge gern voranbringen und Engpässe überwinden. Für Menschen, die nicht Ihre Tatkraft besitzen, ist es tröstlich zu wissen, dass sie auf Ihre Ressourcen zurückgreifen können.

➤ Vielleicht ist Mut der Aspekt von Stabilität, den Sie bieten können. Wenn andere zögern und wissen, dass sie sich auf Sie verlassen können, wenn es darum geht, sie oder ihre Ideen voranzubringen, gibt ihnen das eine Sicherheit, die sie allein nicht hätten. Sie können darauf zählen, dass Sie sie schneller ans Ziel bringen.

Erwecken Sie Hoffnung

➤ Sie können anderen helfen, indem Sie ihnen die Angst vor dem Versagen nehmen. »Wer nicht wagt, der nicht gewinnt« ist das Motto der Tatkräftigen. Ihre Fähigkeit, die Menschen an ein positives Ergebnis glauben zu lassen und ihnen die Angst vor dem Misserfolg zu nehmen, kann sehr produktiv sein. Sie könnten zum Beispiel fragen: »Was wäre das Schlimmste, das passieren kann?« Wenn Sie die anderen erkennen lassen, dass selbst der schlechteste Fall gar nicht so entsetzlich wäre, ist dies eine Methode, sie zu führen und sie schneller zur Erfüllung ihrer Träume zu bringen, als sie das ohne Sie bewerkstelligen würden.

➤ Manchmal brauchen andere Menschen einfach Ihre Energie, um sie aus der Angst herauszuführen und zum Handeln zu bringen. Die ersten Schritte können entmutigend sein, gerade wenn Unvorhergesehenes droht. Ihr Schritt-für-Schritt-Ansatz kann die Angst verringern. Stärken Sie das Selbstvertrauen anderer, damit sie Initiativen und neue Projekte auf den Weg bringen. Feuern Sie sie an, indem Sie Ihren Enthusiasmus mit ihnen teilen, und bringen Sie sie in Schwung.

Führen von Menschen mit starker Tatkraft

➤ Übertragen Sie dieser Person die Verantwortung für die Anbahnung und Organisation eines Projekts, das in ihren Fachbereich fällt.

➤ Teilen Sie dieser Person mit, dass sie Ihnen als tatkräftig bekannt ist und dass Sie sie bei entscheidenden Fragen um Hilfe bitten werden. Ihre Erwartungen werden sie beflügeln.

➤ Teilen Sie diese Person einem Team zu, das sich in Einzelheiten verzettelt und mehr redet als handelt. Sie wird die anderen Teammitglieder zum Handeln anregen.

➤ Wenn diese Person sich beschwert, hören Sie aufmerksam zu – Sie können etwas lernen. Dann bringen Sie sie auf Ihre Seite, indem Sie über neue Initiativen sprechen, die sie anstoßen kann, oder über Verbesserungen, die sie durchführen könnte. Tun Sie das sofort, denn ungebremst kann sie leicht schlechte Stimmung verbreiten, wenn sie zu schnell in eine bestimmte Richtung vorprescht.

➤ Untersuchen Sie die vorherrschenden Talent-Schwerpunkte dieser Person. Besitzt sie viel Autorität, hat sie womöglich das Potenzial, sehr erfolgreich zu verkaufen und zu überzeugen. Hat sie außerdem Stärken in Bindungsfähigkeit und Kontaktfreudigkeit, könnte sie ein hervorragender Personalreferent für Sie werden, der Bewerber auswählt und diese dann eng an das Unternehmen bindet.

➤ Um zu vermeiden, dass dieser Person zu viele Steine in den Weg gelegt werden, bringen Sie sie mit Leuten zusammen, die strategische oder analytische Stärken haben. Sie können ihr dabei helfen, über den Tellerrand hinauszuschauen. Es kann allerdings sein, dass Sie sich bei diesen Verbindungen für sie einsetzen müssen, damit ihre instinktive Handlungsorientierung nicht durch Diskussionen und Analysen unterdrückt wird.

Führen mit Anpassungsfähigkeit (Adaptability)

Menschen mit hoher Anpassungsfähigkeit schwimmen lieber mit dem Strom. Sie neigen dazu, in der Gegenwart zu leben und die Dinge zu nehmen, wie sie kommen. Der Zukunft nähern sie sich in kleinen Schritten an.

Bauen Sie Vertrauen auf

➤ Manchmal können Sie nichts anderes tun, als anderen Menschen Vertrauen in sich selbst und den Umgang mit Unabänderlichem beizubringen. Wenn andere das Gefühl haben, die Kontrolle über die Situation verloren zu haben, können Sie ihnen zeigen, dass sie durch ihre Reaktion immer noch Einfluss auf das Ergebnis nehmen können. Indem Sie ihren Fähigkeiten vertrauen und ihnen den Glauben an ihre Stärken geben, stärken Sie ihr Selbstvertrauen.

➤ Sie versuchen nicht, das Steuer zu übernehmen, sondern sind eher ein Beifahrer auf der Straße des Lebens. Ihr absoluter Mangel an persönlichem Ehrgeiz überzeugt andere, dass sie ihnen wirklich beistehen und sie nicht manipulieren wollen. Fragen Sie Menschen, wohin sie wollen, und helfen Sie ihnen, ans Ziel zu gelangen. Sie werden erkennen, dass Sie wirklich auf ihrer Seite stehen.

Zeigen Sie Mitgefühl

➤ Andere wissen es zu schätzen, wie gegenwartsbezogen Sie sich im Zusammensein verhalten. Konzentrieren Sie sich in erster Linie auf die anderen – auf ihre Gefühle und Bedürfnisse. Die Zukunft mag vieles verändern, aber was jetzt gerade geschieht, ist die Realität. Das können Sie berücksichtigen und anderen Menschen das Gefühl der Besonderheit geben, indem Sie sich auf die für sie wichtigen Belange konzentrieren, während sie Zeit miteinander verbringen.

➤ Ihre Fähigkeit, mit dem Strom zu schwimmen, erzeugt eine gewisse Furchtlosigkeit und hält Enttäuschungen in Grenzen. Für eine Reihe anderer Stärkenprofile ist das sehr heilsam. Wenn andere ausgelaugt sind, können Sie die Dinge wieder geraderükken. Helfen Sie ihnen herauszufinden, wie entspannend es ist, nicht jeden einzelnen Lebensbereich kontrollieren zu wollen. Geben Sie ihnen die Freiheit, mehr Glück zu empfinden, unabhängig von den äußeren Umständen.

➤ Eine Ihrer größten Begabungen ist es, die unmittelbar anstehenden Aufgaben zu meistern. Ihr Bewusstsein für die gegenwärtige Situation und Ihre Fürsorge für andere gibt diesen unweigerlich das Gefühl, gut aufgehoben zu sein. Manchmal führen Sie, indem Sie auf die emotionale Verfassung anderer eingehen und ihnen vor Augen führen, was sie brauchen. Das macht Sie zu einem wichtigen Partner in Notsituationen.

Vermitteln Sie Stabilität

➤ Stabilität und Flexibilität – passt das zusammen? Natürlich. Denken Sie nur an Palmen mit ihren geteilten Wurzeln und verbundenen Stämmen, die stark genug sind, um jedem Sturm zu widerstehen. Auf ganz ähnliche Weise vermitteln Sie anderen das Gefühl von Sicherheit durch das Fehlen jeder Starrheit. Auch wenn Menschen noch so sorgfältig geplant haben mögen, können sie durch ein Schlagloch oder eine Umleitung von ihrem Weg abgebracht werden. Sie zeigen ihnen, dass diese »Nebenstraßen« manchmal notwendige, vielleicht sogar bessere Wege zum ultimativen Erfolg sind. Helfen Sie ihnen durchzuhalten, wenn Hindernisse ihre Pläne bedrohen. Zeigen Sie ihnen, dass sie auch den nächsten Abschnitt des Weges bewältigen können.

➤ Geduld ist eine Tugend, aber es kann sein, dass Sie die anderen gelegentlich daran erinnern müssen. Wer schnelles Handeln und rasche Resultate will, gibt vielleicht zu schnell auf und bleibt nicht lange genug im Rennen. Sie können ihm Trost und Zuflucht bieten, indem Sie ihn auffordern, sich zu entspannen und der Natur ihren Lauf zu lassen. Das Ergebnis ist vielleicht besser als alles, was sie künstlich aufbauen könnten.

Erwecken Sie Hoffnung

➤ Erteilen Sie den anderen die vielleicht benötigte Erlaubnis, die Kontrolle abzugeben und mit dem Leben anzufangen. Geben Sie ihnen Inspiration, indem Sie Ihre Perspektive, Ihre Erfahrung und Ihre Weisheit mit ihnen teilen.

➤ Mit hoher Wahrscheinlichkeit verfügen Sie über große Toleranz. Wie können Sie anderen helfen, über vergangene Ereignisse, ob gut oder schlecht, hinwegzukommen? Denken Sie an Zeiten, in denen Sie selbst mit etwas konfrontiert waren, was sich Ihrer Kontrolle entzog. Wie haben Sie sich gefühlt? Was haben Sie getan? Können Sie anderen helfen, dasselbe zu tun?

Führen von Menschen mit starker Anpassungsfähigkeit

➤ Das Leben einer solchen Person besteht aus Reaktion und Resonanz. Geben Sie ihr eine Position, deren Erfolg von ihrer Fähigkeit abhängt, sich an Unvorhergesehenes anzupassen und es zu bewältigen.

➤ Weihen Sie die Person in Ihre Pläne ein, aber falls sie nicht eine weitere Stärke im Bereich Fokus hat, erwarten Sie nicht, dass sie mit Ihnen plant. Eher wird sie lange Vorbereitungen langweilig finden.

➤ Erforschen Sie die übrigen Talentthemen dieser Person. Falls sie auch über ein großes Einfühlungsvermögen verfügt, geben Sie ihr am besten eine Position, in der sie die verschiedenen Bedürfnisse von Kunden oder Gästen erspüren und erfüllen kann. Hat sie einen Talentschwerpunkt im Bereich Entwicklung, geben Sie ihr die Rolle des Mentors.

➤ Es kann ratsam sein, diese Person von der Teilnahme an Meetings zu Zukunftsthemen zu entbinden, zum Beispiel von Zielsetzungs- oder Karriereplanungssitzungen. Sie lebt im Hier und Jetzt und findet solche Meetings ziemlich irrelevant.

Führen mit analytischen Stärke (Analytical)

Menschen mit analytischen Stärken suchen nach Gründen und Ursachen. Sie besitzen die Fähigkeit, alle Faktoren in Betracht zu ziehen, die eine Situation betreffen.

Bauen Sie Vertrauen auf

➤ Denken Sie darüber nach, was Sie gutheißen. Weil andere Ihrem analytischen Verstand vertrauen, folgen sie Ihren Empfehlungen möglicherweise ohne eigene Überlegung. Das kann schön sein, aber manchmal muss man Sie vielleicht daran erinnern, dass nicht alles, was Ihnen richtig erscheint, auch das Richtige für andere ist. Zeigen Sie ihnen, wie sie selbst die Faktoren bestimmen können, die eine Handlung oder ein Produkt für ihre individuellen Bedürfnisse und Wünsche geeignet erscheinen lassen, statt dass sie sich immer nur auf Ihr Urteil verlassen. Lassen Sie sie wissen, dass Sie immer nur das Beste für sie wollen, dann werden sie Ihnen noch mehr Vertrauen schenken.

➤ Sie haben ein sicheres Gespür für das Wahre, Ehrliche und Aufrichtige. Andere verlassen sich auf Ihre Qualitäten als »Wahrheitsfinder« in konfliktträchtigen oder verwirrenden Angelegenheiten. Betrachten Sie das als eine Möglichkeit, sie zu unterstützen, und warten Sie nicht, bis Sie um Hilfe gebeten werden. Bauen Sie Ihre Stärken aus; man wird Ihren proaktiven Analysen Respekt und Vertrauen entgegenbringen.

Zeigen Sie Mitgefühl

➤ Wer den Dingen gern auf den Grund geht, wird Ihren analytischen, wahrheitssuchenden Ansatz schätzen. Regen Sie Diskussionen an, den Wettbewerb von herausfordernden Ideen. Machen Sie die Ideenfindung zu einem Vergnügen, und unterscheiden Sie zwischen Tatsache und Spekulation. Wenn Sie einen Gleichgesinnten finden, suchen Sie den geistigen Austausch, und bauen Sie eine Beziehung auf, die Ihnen beiden einen Vorteil bringt.

➤ Auf Menschen in Krisensituationen einzugehen ist eine anerkannte Methode, Mitgefühl und Fürsorge zu zeigen. Wenn andere sich mit Fakten und Entscheidungen herumschlagen, können Sie dabei behilflich sein, das Realistische herauszufiltern, und zur Verbesserung schwieriger Situationen beitragen.

Vermitteln Sie Stabilität

➤ Für viele Menschen sind Tatsachen eine Quelle der Sicherheit; wenn die Fakten dafür sprechen, sind sie bereit, einen Plan und seine Folgen zu akzeptieren. Da Sie sorgfältig alle Möglichkeiten überprüfen, vermitteln Sie ein Gefühl der Sicherheit, das viele Menschen suchen. Machen Sie Ihre Hausaufgaben gewissenhaft im Bewusstsein, dass andere sich von Ihnen führen lassen möchten.

➤ Ihre Billigung kann eine Bestätigung sein, die es anderen ermöglicht, ihrem eigenen Urteil zu vertrauen. Das gibt ihnen die Kraft, voranzugehen und die Dinge ins Rollen zu bringen. Wenn Sie der Meinung sind, dass die anderen gute Entscheidungen treffen, dann sagen Sie es ihnen. Ihr Glaube an ihre Meinungen und Begründungen kann ihnen die Sicherheit und Stärke verleihen, die sie brauchen, um weiterzumachen.

Erwecken Sie Hoffnung

➤ Spornen Sie andere an, wenn sie etwas Schwieriges tun, das Sie für richtig halten. Sie möchten vielleicht herausfinden, wie Sie darüber denken oder was Sie an ihrer Stelle täten. Loben Sie kluge Entscheidungen, und geben Sie anderen Mut für das, was vor ihnen liegt. Wenn Sie an ihren Erfolg glauben, dann sagen Sie es ihnen.

➤ Wenn andere bei Entscheidungen Ihren Rat suchen, lassen Sie sie an Ihren Gedankenschritten teilhaben, und zeigen Sie ihnen, wie Ihnen das bei der Sichtung der Fakten hilft. Bedenken Sie, dass viele Menschen nicht in der Lage sind, mit Ihnen Schritt zu halten. Dennoch werden einige Ihren Ansatz gern ausprobieren wollen. Sie haben es vielleicht so oft praktiziert, dass es für Sie automatisch geht, aber versuchen Sie jeden Ihrer Schritte zu erläutern und zu analysieren. Wenn Sie einen bereitwilligen Schüler gefunden haben, dann lehren Sie ihn.

➤ Führung kann ein wechselseitiges Bestreben sein. Schließen Sie sich mit jemandem zusammen, der über handlungsorientierte Stärken verfügt. Sie können ihm helfen, kluge und wohlüberlegte Entscheidungen zu treffen. Er kann Ihnen helfen, Ihre Analyse in Taten umzusetzen. Sie beide werden davon profitieren und einander zu Wachstum anregen.

Führen von Menschen mit starken analytischen Fähigkeiten

➤ Wenn Sie dieser Person eine bereits getroffene Entscheidung erklären, achten Sie darauf, die zugrunde liegende Logik sehr deutlich darzulegen. Es mag Ihnen so vorkommen, als würden Sie unnötig viele Erklärungen abgeben, aber für diese Person ist ein solcher Grad an Detailreichtum unerlässlich, wenn sie die Entscheidung mittragen soll.

➤ Wann immer Sie die Gelegenheit haben, loben Sie die argumentative Fähigkeit dieser Person. Sie ist stolz auf ihren disziplinierten Verstand.

➤ Bedenken Sie, dass diese Person ein Bedürfnis nach exakten, genau überprüften Zahlen hat. Versuchen Sie niemals, ihr nachlässig recherchierte Fakten als glaubhafte Wahrheit zu verkaufen.

> ➤ Das Entdecken von Datenmustern ist ein Höhepunkt im Leben dieser Person. Geben Sie ihr immer die Möglichkeit, Ihnen diese Muster genau zu erläutern. Das motiviert sie und festigt Ihre Beziehung.

> ➤ Sie werden nicht immer mit dieser Person einer Meinung sein, aber nehmen Sie ihren Standpunkt trotzdem immer ernst. Sie hat ihre Argumente höchstwahrscheinlich sehr sorgfältig erwogen.

Führen als Arrangeur
(Arranger)

Begabte Arrangeure können organisieren, ergänzen diese Fähigkeit jedoch auch durch hohe Flexibilität. Sie fügen gern alle Teile und Ressourcen zusammen, um maximale Produktivität zu erzielen.

Bauen Sie Vertrauen auf

➤ Sie möchten, dass man Ihnen die Wahrheit sagt, weil Sie sich auf ehrliches Feedback verlassen, um nötigenfalls wichtige Kurskorrekturen vorzunehmen. Machen Sie den Leuten klar, dass Sie die Wahrheit hören möchten und sie nicht dafür bestrafen, wenn sie Ihnen genau sagen, was sie denken. Genauso sollten Sie auch aufrichtig zu ihnen sein und damit gegenseitigen Respekt fördern.

➤ Wenn Sie neue Systeme, Pläne oder Durchführungsmethoden einführen, tun Sie das mit größtmöglicher Transparenz. Die absolute Offenlegung Ihrer Denkprozesse fördert das Verständnis der Menschen und lässt sie Ihrer Argumentation folgen.

Zeigen Sie Mitgefühl

➤ Wenn Sie abwägen, was für andere richtig ist und wie Sie sie zum Erfolg führen, wird man Sie dafür lieben. Sie erkennen womöglich viel deutlicher als die anderen selbst, was sie gut können. Sagen Sie ihnen, was Sie sehen, und geben Sie ihnen die »Erlaubnis«, sie selbst zu sein und zu tun, was sie am besten können. Sie ermöglichen ihnen ein erfüllteres Leben, wenn sie ihre Enttäuschungen minimieren und ihre Erfolgserlebnisse maximieren können.

➤ Manchmal müssen andere einfach von Ihnen gerettet werden.

Verwirrung und Unstimmigkeiten überwältigen sie und führen zu emotionaler Hilflosigkeit. Wenn Sie sehen, dass jemand überfordert ist, greifen Sie ein und helfen Sie ihm, sein Weltbild zu vereinfachen. Zeigen Sie ihm, wie alles ineinandergreift – und verringern Sie das Chaos.

Vermitteln Sie Stabilität

> Ihre Fähigkeit, mit unüberschaubaren Situationen umzugehen, ist tröstlich für alle, die einen konkreten Plan brauchen. Wenn es Ihnen gelingt, sie so weit wie möglich gegen das Durcheinander abzuschirmen und große Mengen an Informationen zu filtern, um ihnen nur das mitzuteilen, was sie wissen und tun müssen, fühlen sie sich sicherer und sind zuversichtlicher, dass alles gut geht.

> Manchmal rutschen auch die bestausgearbeiteten Pläne ins Chaos ab. Wenn Sie Probleme angehen, noch bevor andere überhaupt eine Unregelmäßigkeit bemerkt haben, helfen Sie ihnen, die Ruhe zu bewahren. Ein straffes Kommando zu führen, mag Ihnen nicht so wichtig sein, dafür aber ein kontinuierliches. Viele Menschen brauchen eine solche Führung, um sich sicher zu fühlen, und Sie können sie ihnen bieten.

Erwecken Sie Hoffnung

> Sie können anderen nicht nur zu jenen Tätigkeiten verhelfen, die gut für sie sind, sondern ihnen auch vor Augen führen, was sie nicht tun sollten, und sie ermutigen, damit aufzuhören. Vielleicht fühlen sie sich eingezwängt von Terminen und Verpflichtungen; Sie können sie befreien. Vermitteln Sie ihnen Ideen, wie sie ihre Verantwortlichkeiten neu ordnen können, damit ihr Leben angenehmer und produktiver wird.

> Ehe Ihre Mitarbeiter ihre Termine und Verpflichtungen neu organisieren können, um sich eine erfülltere Zukunft zu schaffen,

benötigen sie womöglich einen klaren und konkreten Überblick über ihre gegenwärtige Situation. Regen Sie an, einen Kalender zu führen, der alle ihre wöchentlichen Aktivitäten enthält. Lassen Sie sie jede einzelne Stunde aufführen. Dann helfen Sie ihnen dabei, Termine zu verbinden, abzusagen oder hinzuzufügen, um ihre Lebensqualität zu verbessern.

Führen von Menschen mit starkem Arrangeur-Talent

➤ Diese Person geht jede neue Herausforderung an, also stellen Sie ihr so viele wie möglich, abgestimmt auf ihre Qualifikation.

➤ Diese Person hat möglicherweise das Zeug zum Manager oder Vorgesetzten. Dank ihres Arrangeur-Talents kann sie die Zusammenarbeit von Menschen mit sehr verschiedenen Stärken koordinieren.

➤ Achten Sie auch auf die anderen besonderen Talente dieser Person. Wenn sie außerdem über eine hohe Disziplin verfügt, kann sie ein hervorragender Organisator sein, der Arbeitsabläufe und Systematisierungen festlegt.

➤ Sie sollten wissen, dass diese Person ein Team durch Vertrauen und Beziehungen aufbaut. Wenn sie jemanden für unehrlich oder dessen Arbeit für nachlässig durchgeführt hält, kann sie ihn auch ablehnen.

Führen mit Überzeugung
(Belief)

Menschen mit Schwerpunkt im Bereich Überzeugung haben bestimmte unwandelbare Grundwerte. Diese Werte formen die Zielrichtung für ihr Leben.

Bauen Sie Vertrauen auf

➤ Ethisches Verhalten ist die Grundlage von Respekt und Vertrauen. Integrität ist eine Grundvoraussetzung. Um Fairness sicherzustellen und Einigkeit zu fördern, sollten Sie anderen unmissverständlich deutlich machen, welche Verhaltensweisen Sie tolerieren und welche nicht. Wenn Sie das von Anfang an klarstellen, vermeiden Sie Missverständnisse und Probleme in der Beziehung mit anderen.

➤ Beim Talent der Überzeugung geht es mehr um eine Dienstleistungseinstellung als um bestimmte moralische oder spirituelle Glaubensfragen. Zeigen Sie anderen, was es heißt, zu dienen und zu führen. Bringen Sie ein Team dazu, sich mit etwas jenseits des eigenen Interessengebiets zu beschäftigen – etwas, was nur dazu dient, anderen Menschen oder Gruppen zu helfen. Beweisen Sie Ihr Talent der Überzeugung durch Handlungen, die eine viel deutlichere Sprache sprechen, als Worte es jemals könnten. Eine derartige Integrität wird Ihnen echten Respekt einbringen.

Zeigen Sie Mitgefühl

➤ Ihre Werte haben für Sie eine hohe Bedeutung. Sprechen Sie mit anderen darüber, was ihnen am wichtigsten ist. Nur allein die Übereinstimmung in etwas so Wichtigem wie Grundwerten kann Beziehungen herstellen. Finden Sie heraus, was den Menschen in Ihrem Umfeld am wichtigsten ist, egal ob Sie sie schon lange kennen oder ihnen gerade erst begegnet sind. Nehmen Sie zur Kenntnis, dass wir alle verschiedene Hintergründe haben und verschiedene Lebensphasen durchlaufen, und akzeptieren Sie das. Beziehungen können jederzeit wachsen. Zuhören schafft Verbindungen.

➤ Manche Bindungen entstehen spontan. Gemeinsame Werte können schnell Nähe herstellen – manchmal für das ganze Leben. Das kann eine Quelle großer Freude in Ihrer beider Leben sein. Erforschen Sie gemeinsam Ihre Überzeugungen, stellen Sie Fragen und reden Sie darüber, was Ihnen am wichtigsten ist. In solchen Situationen können Beziehungen überraschend schnell wachsen und bemerkenswert stark werden.

➤ Achten Sie darauf, niemanden aufgrund von Glaubensfragen auszugrenzen. Auch wenn Sie niemals »wertneutral« sein können und auch gar nicht sein sollten, müssen Sie sich dennoch der Wirkung bewusst sein, die Sie mit Ihren Beurteilungen erzielen.

Vermitteln Sie Stabilität

➤ Einige Ihrer Überzeugungen sind in Stein gemeißelt. Sogar in einer Welt des ständigen Wandels geraten sie nicht ins Wanken. Diese solide Grundlage kann Beziehungen, Handlungen und die von Ihnen geschaffene Arbeitsumgebung festigen. Egal, ob andere Ihre Überzeugungen teilen, sie wissen immer, wo Sie stehen, und können sich der Unverrückbarkeit Ihres Standpunkts sicher sein.

➤ Ihre Leidenschaft macht Sie streitbar. Achten Sie bei solchen Auseinandersetzungen darauf, als Führungspersönlichkeit gesehen zu werden, die nicht *gegen*, sondern *für* etwas eintritt. Das lässt Sie in einem günstigeren Licht erscheinen und sichert Ihnen mehr Unterstützung für Ihr Anliegen. Die Menschen vertrauen darauf, dass Sie sich für das Richtige einsetzen. Die anderen schöpfen Zuversicht aus der Stärke Ihrer Überzeugungen.

Erwecken Sie Hoffnung

➤ Sinn und Zweck Ihrer Arbeit sind oft richtungsweisend für andere, also sprechen Sie darüber und zeigen Sie, wie wichtig das für Sie ist. Machen Sie anderen klar, warum ihre Arbeit von Bedeutung ist und wie diese Arbeit das eigene Leben und das anderer beeinflusst. Ergründen Sie, wie auch die anderen Menschen ihre Stärken und Werte in ihrer Arbeit zum Einsatz bringen können, und unterstützen Sie sie bei der Suche nach diesen Verbindungen.

➤ Nicht jeder ist sich seiner Werte so gewiss wie Sie. Wenn jemand auf der Suche ist, lassen Sie ihn darüber nachdenken, wofür er Zeit und Geld verwendet. Der tatsächliche Einsatz unserer Zeit, unserer Stärken und unserer finanziellen Mittel spricht Bände über unsere wahren Werte.

Führen von Menschen mit starker Überzeugung

➤ Diese Person hat eine Reihe starker, fundamentaler Werte. Versuchen Sie, ihre Werte mit denen des Unternehmens in Einklang zu bringen. Sprechen Sie beispielsweise mit ihr darüber, wie Ihre Produkte und Dienstleistungen das Leben anderer verbessern oder wie Ihr Unternehmen Integrität und Vertrauen verkörpert, oder geben Sie ihr die Möglichkeit, Kollegen und Kunden zu helfen. Durch Taten und Worte kann sie die Werte Ihrer Unternehmenskultur sichtbar machen.

➤ Sie müssen sich dessen bewusst sein, dass diese Person mehr Wert auf Serviceverbesserung legt als auf Umsatzsteigerung. Suchen Sie nach Möglichkeiten, diese natürliche Dienstleistungsorientierung zu fördern, und die Person wird ihr Bestes geben.

Führen mit Autorität
(Command)

Menschen mit starker Autorität strahlen Präsenz aus. Sie behalten in allen Situationen den Überblick und treffen Entscheidungen.

Bauen Sie Vertrauen auf

➤ Sie sind dafür bekannt, dass Sie sagen, was Sie denken, deswegen vertraut man auf Ihre Geradlinigkeit. Andere können Ihre Worte für bare Münze nehmen und sichergehen, dass Sie Ihre Meinung nicht ändern, sobald Sie den Raum verlassen haben. Diese Direktheit schafft Vertrauen, und Vertrauen schafft Verbundenheit.

➤ Prüfen Sie die Beziehung zwischen den von Ihnen vermittelten Werten und Ihren Handlungen. Sind sie konsistent? Beweisen sie Integrität? Notieren Sie sich Ihre wichtigsten Wertvorstellungen. Fallen Ihnen Beispiele für Handlungen ein, mit denen Sie in letzter Zeit die Integrität Ihrer Überzeugungen unter Beweis gestellt haben? Diese Checkliste zum Thema »Glaubwürdigkeit« sollte ein regelmäßiger Bestandteil Ihrer Selbstbeurteilung sein, damit Sie sichergehen können, dass andere Ihren Worten vertrauen und Ihre Handlungen respektieren können.

Zeigen Sie Mitgefühl

➤ Sie nehmen Dinge besonders intensiv wahr und können starke Emotionen ausdrücken. Bleiben Sie dabei ganz Sie selbst. Sagen Sie anderen, wie Sie sich fühlen und warum die anderen Ihnen wichtig sind. Fassen Sie die Verbindungen in Worte, auch wenn die anderen vielleicht zu reserviert sind, um solche Dinge auszusprechen. Wenn Sie den Anfang machen, zeigen Sie ihnen, dass das Gefühl auf Gegenseitigkeit beruht. Und wenn sie noch nicht so weit sind, schaffen Sie so zumindest die Grundlage für eine wichtige Beziehung. Der Ausdruck echter Fürsorge, Zuneigung oder Anteilnahme kann ein entscheidender Schritt zum Aufbau oder zur Vertiefung der Bindung zwischen Führungskraft und Mitarbeitern sein.

➤ Sie können überzeugend formulieren. Drücken Sie Ihre Empfindungen aus, um Ihre Verbundenheit zu den anderen herzustellen, die Ihre Menschlichkeit zu schätzen wissen. Bedeutsame Beziehungen entstehen oft auf der Basis gemeinsamer Werte, deshalb können Sie durch das Aussprechen Ihrer Überzeugungen und Leidenschaften anderen dabei helfen, Sie als potenziellen Freund und als Vorbild zu erkennen. Fordern Sie die anderen auf, sich Ihren starken Empfindungen und leidenschaftlichen Überzeugungen anzuschließen – vielleicht brauchen sie diesen Anstoß.

➤ Manchmal sehen andere nur die harte Außenseite einer Persönlichkeit mit großer Autorität und vermuten, es handele sich dabei um eine undurchdringliche Schale, die vor allen Verletzungen schützen soll. Diese Menschen fühlen sich möglicherweise selbst verwundbar, halten Sie jedoch für unverwundbar. Beziehungen bedingen jedoch eine gegenseitige Verletzlichkeit. Seien Sie offen. Reden Sie über Ihre Verletzungen und Ihre Kämpfe. Wenn Sie anderen Ihren weichen Kern zeigen, verleiht diesen das in der Beziehung zu Ihnen gleiche Voraussetzungen und Sie beweisen gleichzeitig Ihr Vertrauen in die anderen.

Vermitteln Sie Stabilität

➤ Die Leute kennen Ihre Position. Die Gewissheit, dass Ihre Überzeugungen nicht auf Sand gebaut sind, gibt ihnen die Zuversicht, dass Sie immer für sie da sind und an Ihren Grundsätzen festhalten.

➤ Die Menschen kommen zu Ihnen, wenn sie jemanden brauchen, der sich für sie starkmacht – vielleicht um wieder Mut zu bekommen oder um jemanden zu gewinnen, der sich für ihre Wünsche einsetzt. Wenn ihre Zuversicht sinkt, »leihen« sie sich Ihre. Achten Sie darauf, dieses Bedürfnis zu erfüllen, und fragen Sie nach, ob Sie für jemanden intervenieren oder ihn bei einer schwierigen Aufgabe begleiten sollen. Ihre Einstellung, Verantwortung zu übernehmen, stabilisiert und festigt andere in Krisenzeiten. Wenn Sie vor einer besonders großen Herausforderung stehen, setzen Sie Ihre Stärke der Autorität ein, um die Ängste anderer zu beschwichtigen und sie davon zu überzeugen, dass Sie alles unter Kontrolle haben.

Erwecken Sie Hoffnung

➤ Weil Sie die Dinge beim Namen nennen, sucht man Sie gern auf für ein offenes Gespräch. An andere wendet man sich für Unterstützung, doch zu Ihnen kommt man, um eine ehrliche Beurteilung dessen zu hören, was man kann oder nicht kann und was man tun sollte oder nicht tun sollte. Sie scheuen sich nicht, Ihren Rat zu erteilen. Fragen Sie Ihren Gesprächspartner, wie stark er sich für seine gegenwärtigen Pläne engagiert. Fragen Sie ihn, ob er Ihre ehrliche Meinung hören möchte. Wenn er das bejaht, so antworten Sie behutsam, aber offen.

➤ Ihre starken Worte geben Inspiration. Sprechen Sie über das »Warum« jeder Aufgabe, ohne zu befürchten, dass Sie kitschig oder sentimental klingen könnten. Ihre Emotionalität eröffnet anderen die Möglichkeit, sich selbst stärker einzubringen. Man zählt auf Sie, weil Sie den Gefühlen in dieser Angelegenheit eine Stimme geben. Malen Sie mit Ihren Worten ein Bild der Inspiration.

Führen von Menschen mit starkem Talentthema Autorität

➤ Geben Sie dieser Person möglichst viel Freiraum, um zu führen und Entscheidungen zu treffen. Sie schätzt keine allzu starke Überwachung.

➤ Bei Konfrontationen mit dieser Person müssen Sie hart durchgreifen. Und falls erforderlich, verlangen Sie von ihr sofortige Wiedergutmachung. Dann sorgen Sie dafür, dass sie möglichst schnell produktiv werden kann. So wird sie ihren Fehler schnell überwinden, und Sie sollten dieser Angelegenheit ebenfalls nicht mehr nachhängen.

➤ Diese Person kann durch ihr unverblümtes, bestimmtes Auftreten etwas einschüchternd auf andere wirken. Sie müssen entscheiden, ob ihre Art und Weise gelegentliche Irritationen hervorruft. Statt sie zu mehr Einfühlsamkeit und Höflichkeit zu drängen, nutzen Sie lieber die Zeit, ihren Kollegen klarzumachen, dass gerade diese Bestimmtheit ihre Effektivität ausmacht – solange sie nur bestimmt auftritt und nicht aggressiv oder beleidigend wird.

Führen mit Kommunikationsfähigkeit (Communication)

Menschen mit ausgeprägter Kommunikationsfähigkeit fällt es im Allgemeinen leicht, ihre Gedanken in Worte zu fassen. Sie sind gute Unterhalter und Präsentatoren.

Bauen Sie Vertrauen auf

➤ Sie können Sprache nutzen, um die »Fäden zu ziehen« und zu manipulieren. Aber auf Dauer ist das ermüdend. Denken Sie daran, dass Manipulationen zwar kurzfristig überzeugen mögen, jedoch einen emotionalen Preis fordern. Sorgen Sie dafür, dass Sie nicht nur effektiv, sondern auch ethisch handeln.

➤ Es liegt an Ihnen, gegenseitigen Respekt aufzubauen. Helfen Sie mit, dass andere Menschen einander wertschätzen. Machen Sie publik, was die anderen wirklich gut können und welchen Beitrag sie leisten. Bedenken Sie dabei, dass echtes Lob motiviert, falsches Lob dagegen Ihre Glaubwürdigkeit untergräbt und nicht ernst genommen wird.

➤ Sagen Sie den Leuten ins Gesicht, was Sie auch in ihrer Abwesenheit sagen. Die Zuverlässigkeit und Ehrbarkeit Ihrer Worte bestätigt Ihre Integrität und fördert das Vertrauen, das Sie aufbauen.

Zeigen Sie Mitgefühl

➤ Sie besitzen die Gabe, andere emotional zu packen und in Worte zu fassen, was sie fühlen – häufig Worte, die ihnen selbst fehlen. Dadurch fühlen andere sich zu Ihnen hingezogen. Stellen Sie deshalb Fragen. Versuchen Sie, die zentralen Themen festzumachen, die die Menschen mitteilen wollen, und welche Freuden und Leiden sie gern zeigen würden. Und dann verleihen Sie diesen Emotionen eine Stimme. Anderen zu helfen, die richtigen Worte zu finden, damit sie ihre Gefühle beschreiben können, ist eine sehr wirkungsvolle Methode, sie zum Ausdrücken und Verarbeiten ihrer Emotionen zu bringen. Das kann ihnen bei der Entwicklung eines Handlungsplans von Nutzen sein.

➤ Die Sprache ist ein wesentlicher Bestandteil unserer Kultur. In jeder Gruppe, von der Familie bis zum Unternehmen, müssen Sie die Wirkung Ihrer Worte abwägen. Bezeichnungen vermitteln Erwartungen. Nennen Sie Ihre wöchentlichen Zusammenkünfte »Abteilungsbesprechung«, »Mitarbeiterversammlung«, »Teamsitzung«, »Qualitätsmeeting«? Werden sie in einem »Besprechungszimmer«, einem »Konferenzraum«, einem »Pausenraum«, einem »Schulungscenter« oder einem »Übungsraum« abgehalten? Verleihen Sie Ihren Fragen einen positiven Rahmen, um anderen Ihr Interesse zu vermitteln?

Vermitteln Sie Stabilität

➤ Fassen Sie den Erfolg anderer in Worte, und geben Sie ihnen diese Worte zurück – bevorzugt in schriftlicher Form. Verwenden Sie Ihr Talent, um genau die richtigen Worte des Lobs, des Feedbacks und der Bestätigung zu finden. Wenn Sie die Leistungen ihrer Mitarbeiter würdigen, gibt ihnen das Sicherheit in ihren Positionen.

➤ Denken Sie mal darüber nach, mit welchen Begriffen Sie Zeit umschreiben. Ist das hier etwas auf lange Sicht? Suchen wir nach schnellen Ergebnissen oder wollen wir einen langfristigen Ruf aufbauen? Vermitteln Sie anderen den Eindruck, dass es um das große Ganze geht, denn das gibt ihnen die Freiheit, ein bisschen zu experimentieren – sogar ein bisschen zu scheitern –, um es in Zukunft besser zu machen. Beachten Sie bei der Wahl Ihrer Worte, dass Stabilität auf lange Sicht Vertrauen bedeutet.

➤ Seien Sie nicht nur der Sprecher Ihres Teams, sondern »verwalten« und »vermarkten« Sie auch deren Erfolgsgeschichten. Machen Sie die gesammelten Triumphe Ihrer Gruppe zu deren Markenzeichen. Dieses solide Fundament stärkt die Zuversicht Ihres Teams.

Erwecken Sie Hoffnung

➤ In Ihrem beruflichen Umfeld bieten Sie sich dafür an, die Rahmenkommunikation zu übernehmen. Verschicken Sie nach Meetings eine zusammenfassende E-Mail. Greifen Sie die zentralen Punkte auf, und umreißen Sie die zu treffenden Maßnahmen. Fassen Sie Erfolge zusammen. Machen Sie denen Komplimente, die gute Arbeit geleistet haben. Sie können sowohl positive Handlungen und Ergebnisse als auch künftige Leistungen unterstützen und anregen.

➤ Mit Ihren Worten beeinflussen Sie die Erwartungen und die Vorstellungen, die man sich von einzelnen Personen und Gruppen macht. Fördern Sie deren Image, oder untergraben Sie es? Wenn Sie mit anderen oder über andere reden, wählen Sie bewusst Worte, die Bestätigung, Inspiration und Optimismus transportieren.

➤ Welche Ausdrücke verwenden Sie, um ein Bild der Zukunft zu malen? Ihre Worte können für andere zum Leitbild werden. Denken Sie daran, welche Richtung Sie anderen mit Ihren Worten geben, und wägen Sie sie sorgfältig ab. Diese Worte können andere viel länger inspirieren, als Sie glauben.

Führen von Menschen mit starker Kommunikationsfähigkeit

➤ Bitten Sie diese Person, sich über die Firmengeschichte zu informieren – über interessante Ereignisse in Ihrem Unternehmen. Geben Sie ihr die Gelegenheit, den Kollegen diese Geschichten zu erzählen. Dadurch erweckt dieser Mensch Ihre Kultur zum Leben und verleiht ihr Kraft.

➤ Bitten Sie diese Person, einige der Fachleute in Ihrem Unternehmen bei der Erstellung mitreißender Präsentationen zu unterstützen. In einigen Fällen können Sie sie auch fragen, ob sie freiwillig die Präsentation für einen der Fachleute übernimmt.

➤ Wenn Sie diese Person auf ein Rhetorik-Seminar schicken, sorgen Sie dafür, dass sie in einer kleinen Gruppe mit Fortgeschrittenen von einem anspruchsvollen Lehrer unterrichtet wird. Der Unterricht mit Anfängern ist nicht das Richtige für sie.

Führen mit Wettbewerbsorientierung (Competition)

> Wer eine starke Wettbewerbsorientierung hat, misst seinen Fortschritt an den Leistungen anderer. Er strebt den ersten Platz an und genießt den Wettbewerb.

Bauen Sie Vertrauen auf

➤ Betrug zahlt sich niemals aus. Gewinn um jeden Preis ist kein Gewinn, sondern Selbstbetrug. Der Preis des Sieges kann höher sein als der Schmerz des Verlierens. Deshalb müssen Sie darauf achten, dass Ihre Integrität unangetastet bleibt, wenn Sie den ultimativen Gewinn anstreben.

➤ Pflegen Sie das Vertrauen, das Sie bei den anderen geweckt haben. Manchmal kann es nötig sein, »das Feld zu räumen«, damit Ihre Leidenschaft für den Wettkampf dem Respekt, den Sie von anderen erwarten, nicht zum Nachteil gereicht. Das sollten Sie dann auch tun. Gönnen Sie sich die Freiheit, emotional zu reagieren, aber sorgen Sie dafür, dass die »Richter« Sie dabei nicht beobachten.

Zeigen Sie Mitgefühl

➤ Wettbewerbsorientierte Persönlichkeiten erkennen einander fast augenblicklich. Wenn Sie jemandem begegnen, der ebenso nach dem Sieg strebt wie Sie, können Sie sich entweder miteinander messen und sich dadurch gegenseitig antreiben oder Ihre Kräfte bündeln, um gemeinsam ein Spitzenteam zu bilden. In beiden Fällen ist dies eine Gelegenheit, um auf der Basis einer gemeinsamen Perspektive eine Bindung herzustellen.

➤ Können Sie andere für einen wöchentlichen Wettbewerb begeistern? Das ist eine Methode, auf der Grundlage gemeinsamer Interessen eine langfristige Bindung zu schaffen und einen gemeinsamen Lösungsansatz für die Herausforderungen des Lebens zu finden. Nehmen Sie Ihren Mitbewerber in die Verpflichtung, und nutzen Sie diese Chance des Beziehungsaufbaus.

➤ Bei all den Leistungen, die er hervorbringt, kann der Wettbewerb einen schalen Nachgeschmack hinterlassen. Versuchen Sie, die sportliche Seite des Wettstreits zu betonen, fördern Sie den Aufbau von emotionalen Bindungen statt von Barrieren. Bedenken Sie, dass nicht jeder mit derselben emotionalen Intensität an jede Aktivität herangeht, und zeigen Sie immer, dass Sie die vielen verschiedenen Gründe des »Mitspielens« akzeptieren und respektieren.

Vermitteln Sie Sicherheit

➤ Ein Siegerteam gibt Selbstvertrauen. Wie können Sie Einzelnen oder einem Team dabei helfen, ihr Bestes zu geben? Setzen Sie sie so ein, dass sie ihre Stärken ausspielen können, das bietet ihnen die besten Chancen auf Erfolg und Sicherheit. Zeigen Sie den Menschen ihr Leistungsvermögen auf der Grundlage ihrer natürlichen Fähigkeiten.

➤ Wenn Sie einen Kampf verlieren, denken Sie an Ihr ultimatives Ziel. Vergessen Sie nicht, was Sie auf lange Sicht erreichen wollen, und lassen Sie das auch andere so sehen. Vermitteln Sie ihnen die innere Einstellung, dass es sich um ein fortgesetztes Bemühen und nicht um Versagen handelt.

Erwecken Sie Hoffnung

➤ Machen Sie andere zu Champions. Geben Sie Ihrer Überzeugung Ausdruck, dass sie in einer bestimmten Sache Bestleistungen erbringen können. Vielleicht erkennen Sie Potenzial in ihnen, das sie selbst gar nicht sehen. Erläutern Sie die Talente, die Sie an ihnen bemerken, und zeigen Sie ihnen, wie sie diese zu echten Stärken entwickeln können.

➤ Welche Leistungskennzahlen werden in Ihrem Unternehmen verwendet? Sorgen Sie dafür, dass jeder sie kennt und ein klares Ziel vor Augen hat.

➤ Für Sie zählt nur der Sieg. Deshalb neigen Sie dazu, sich auf Bereiche zu beschränken, in denen Sie gewinnen können. Suchen Sie als Führungskraft diejenigen Marktnischen, in denen Ihr Team wirklich herausragt, und definieren Sie seine Stärken und seinen Wettbewerbsvorteil mit spezifischen Begriffen. Dadurch richten Sie das Team und das gesamte Unternehmen auf beispiellosen Erfolg aus, was naturgemäß den Optimismus Ihres Teams steigert.

➤ Sie haben einen natürlichen Hang, Leistung zu messen und zu bewerten. Setzen Sie dieses Talent ein, um Spitzenleistungen innerhalb und außerhalb Ihres Unternehmens und die entscheidenden Branchen-Benchmarks zu identifizieren. Entwickeln Sie Ihre Firma anhand dieser Kennzahlen, und regen Sie andere an, diese zu übertreffen.

Führen von Menschen mit starker Wettbewerbsorientierung

➤ Setzen Sie die Leistungen dieser Person in Relation zu den Leistungen anderer – insbesondere anderer wettbewerbsorientierter Menschen. Sie können natürlich auch die Leistungsnachweise Ihrer gesamten Belegschaft veröffentlichen, aber bedenken Sie, dass nur die wettbewerbsorientierten sich von einem öffentlichen Vergleich anspornen lassen. Die anderen werden ihn vermutlich ablehnen oder könnten demotiviert werden.

➤ Richten Sie Wettbewerbe für diese Person ein. Stellen Sie sie gegen andere Wettkämpfer auf, selbst wenn Sie diese in anderen Abteilungen suchen müssen. Hochmotivierte Wettstreiter wollen sich an anderen messen, die über eine möglichst ähnliche Qualifikation verfügen; wenn Sie sie gegen Schwächere antreten lassen, spornt sie das nicht an. Eine der besten Methoden, um diese Person zu führen, ist die Einstellung eines anderen wettbewerbsorientierten Mitarbeiters mit höherer Produktivität.

➤ Unterhalten Sie sich mit dieser Person über Talente. Wie alle Wettkämpfer weiß sie, dass ein Sieger Talent braucht. Benennen Sie ihre Talente, und erklären Sie ihr, dass sie diese für einen Sieg zum Einsatz bringen muss. Behandeln Sie diese Person nicht nach dem »Peter-Prinzip« (d.h.: Befördern Sie die Person nicht so lange, bis sie schließlich auf einer Hierarchieebene angelangt, die sie überfordert), indem Sie vermitteln, dass ausschließlich eine Beförderung Erfolg bedeutet.

Führen mit Verbundenheit (Connectedness)

Menschen mit starker Verbundenheit sind davon überzeugt, dass es einen Zusammenhang zwischen allen Dingen gibt. Sie glauben nicht an Zufälle, sondern sind davon überzeugt, dass jedes Ereignis eine Ursache hat.

Bauen Sie Vertrauen auf

➤ Ihre Lebensauffassung bringt Sie dazu, über Ihre Eigeninteressen hinauszugehen. Verleihen Sie Ihren Überzeugungen Ausdruck. Handeln Sie gemäß Ihren Werten. Wenn Sie über sich hinauswachsen und geben, was Sie haben, erkennen andere den Respekt, den Sie für jeden anderen Menschen empfinden, ungeachtet Ihrer Unterschiede. Respekt ist eine natürliche Begleiterscheinung von selbstlosem Handeln.

➤ Streben Sie nach globaler oder kulturenübergreifender Verantwortung, um Ihr Verständnis für die allgemein menschlichen Gemeinsamkeiten zum Einsatz zu bringen. Bauen Sie ein weltweites Potenzial auf, und verändern Sie dann die Denkweise jener, die in den Kategorien von »Wir« und »Sie« denken. Das Handeln zum Wohle aller Beteiligten ist ein Zeichen von Vertrauen und Vertrauenswürdigkeit.

Zeigen Sie Mitgefühl

➤ Sie suchen nach gegenseitigen Bindungen. Legen Sie sich ein paar gute Fragen zurecht, mit denen Sie rasch Gemeinsamkeiten zwischen Ihnen und jeder Person, der sie neu begegnen, herausfinden können. Stellen Sie diese Fragen so lange, bis Sie die gemeinsamen Interessen entdeckt haben. Wenn Sie auf Übereinstimmungen zwischen ihrem Gegenüber und sich selbst stoßen, sollten Sie Ihre Freude darüber zeigen und hier den Grundstein für eine Beziehung legen.

➤ Wenn Sie Gemeinsamkeiten mit jemandem gefunden haben, zeigen Sie Ihr Interesse, indem Sie sich immer wieder nach den gemeinsamen Überzeugungen oder Aktivitäten erkundigen. Verwenden Sie sie als Ausgangspunkt für eingehendere Gespräche über andere Lebensbereiche. Versuchen Sie, den anderen in seiner Gesamtheit kennenzulernen, statt Ihre Verbindung nur auf einen Aspekt zu beschränken.

➤ Sie haben eine bemerkenswerte Fähigkeit, Menschen mit ähnlichen Träumen und Zielen zusammenzubringen. Sie sehen die Gemeinsamkeiten im großen Ganzen. Spielen Sie eine aktive Rolle und machen Sie die verschiedenen Personen anhand der von Ihnen entdeckten Berührungspunkte miteinander bekannt. Machen Sie andere auf die Ähnlichkeiten aufmerksam, die sie womöglich selbst noch gar nicht bemerkt haben, und ebnen Sie den Weg zu Freundschaften, indem Sie Fremden dabei helfen, Ihre Gemeinsamkeiten zu erkennen. Sie können andere beim Knüpfen von Beziehungen unterstützen, die ihr gesamtes weiteres Leben beeinflussen.

Vermitteln Sie Stabilität

➤ Ihr Sinn für das große Ganze kann Ordnung in das Chaos bringen. Erläutern Sie die tiefere Bedeutung der Ereignisse, die Sie erleben. Zeigen Sie anderen, dass ein Schlagloch in der Straße nur ein Teil in einem größeren Zusammenhang ist. Helfen Sie ihnen, den Unterschied zwischen dem Dauerhaften und dem Vergänglichen im Leben zu erkennen. Rücken Sie aktuelle Schwierigkeiten in die richtige Perspektive.

➤ Die Menschen fühlen sich sicher, wenn Sie von Vertrautem umgeben sind. Wenn andere dieses Gefühl der Sicherheit brauchen, können Sie ihnen zeigen, was konstant und allgemeingültig ist.

Erinnern Sie sie daran, dass sie Teil eines Netzwerks sind. Allein die Gewissheit, in schwierigen Zeiten nicht allein zu sein, kann Frieden und Selbstvertrauen schaffen.

➤ Der Glaube an »etwas« kann zu einer fundamentalen Stärke werden, wenn man ihn mit anderen teilt. Wenn es Teil Ihrer Beziehung zu jemand anderem ist, gemeinsam an etwas zu glauben, kann Ihre Unterstützung in Zeiten der Unsicherheit oder Angst sehr wertvoll sein. Bieten Sie Hilfe an, falls Sie jemanden kennen, den Sie damit unterstützen können.

Erwecken Sie Hoffnung

➤ Vielleicht erstaunt es Sie, wie lange andere brauchen, um die Verbindungen zu erkennen, die für Sie so offensichtlich sind. Helfen Sie ihnen, die Wechselwirkungen zwischen Ereignissen und Personen zu verstehen. Erweitern Sie das Weltbild dieser Personen, indem Sie ihnen das große Ganze verdeutlichen. Zeigen Sie ihnen, wie sie ihr eigenes Talent auf ein neues Niveau bringen können, indem sie es an einem Punkt zum Einsatz bringen, den sie nie dafür in Betracht gezogen hätten. Verdeutlichen Sie ihnen, wie sie sich mit jemandem verbünden können, den sie für vollkommen unterschiedlich halten. Helfen Sie ihnen, neue Denkstrukturen zu entwickeln, indem Sie Ihre breiter gefächerte Sichtweise mit ihnen teilen.

➤ Die Grenzen und Einschränkungen einer Organisationsstruktur sind Ihnen bewusst, aber Sie halten sie für fließend und können darüber hinwegsehen. Setzen Sie Ihr Talent der Verbundenheit ein, um Wissensspeicher zu öffnen, die noch nicht allen brancheneigenen, funktionalen oder hierarchischen Abteilungen innerhalb oder zwischen Unternehmen zur Verfügung stehen. Regen Sie verschiedene Gruppen an, im Interesse ihrer gemeinsamen Ziele zusammenzuarbeiten.

➤ Zeigen Sie den Menschen die Verbindungen zwischen ihren Begabungen, ihren Handlungen, ihrer Aufgabe und dem Erfolg der größeren Gruppe oder Organisation. Wenn sie an das glauben, was sie tun, und das Gefühl haben, Teil von etwas Größerem zu sein, steigert das ihr Engagement und ihre Leistung.

Führen von Menschen mit starker Verbundenheit

➤ Diese Person orientiert sich mit Blick auf das Große und Ganze und an ihrem starken Glauben an etwas. Ihr Wissen darum und zumindest Ihre Akzeptanz dieser Sichtweise sorgen dafür, dass dieser Mensch sich in Ihrer Nähe wohlfühlt.

➤ Diese Person kann dafür empfänglich sein, über die Unternehmensziele Ihres Unternehmens nachzudenken und diese zu entwickeln. Sie fühlt sich naturgemäß als Teil von etwas Größerem und wird Freude daran haben, ihren Beitrag zu einem allgemeingültigen Statement oder Ziel zu leisten.

Führen mit Gerechtigkeit (Consistency)

Personen mit dem Talentthema Gerechtigkeit – einem starken Talent in Bezug auf Konsistenz – wissen, wie wichtig es ist, Menschen immer gleich zu behandeln. Sie versuchen, jedem mit konsistentem Verhalten zu begegnen, indem sie klare Regeln aufstellen und daran festhalten.

Bauen Sie Vertrauen auf

➤ Pflegen Sie das Vertrauen, indem Sie sich selbst allen Regeln oder Vorschriften unterwerfen, die Sie für Ihr Team oder Ihr Unternehmen aufstellen. Wenn Sie nach diesen Regeln leben, beweisen Sie damit Ihren Respekt für das Prinzip, schaffen die Grundlage für Gleichberechtigung und erzeugen eine friedliche Übereinstimmung.

➤ Auch wenn andere aus ihrer Stellung Vorteile ziehen wollen – Ihr ausgeprägter Sinn für Gleichbehandlung lehnt das ab, weshalb Sie lieber nach denselben Vorschriften und Standards leben wie auch alle anderen in Ihrem Unternehmen. Wenn Sie diese Politik der gleichen Bedingungen konsequent anwenden, verschaffen Sie sich Respekt und vergrößern Ihre Anhängerschaft.

Zeigen Sie Mitgefühl

➤ Wenn man vorhersagen kann, wie ein anderer Mensch handelt und reagiert, bestimmt man voller Zuversicht den Verlauf einer Beziehung. Denken Sie darüber nach, wie ein stark ausgeprägter Sinn für Gleichbehandlung die Beziehungen beeinflusst, die andere zu Ihnen knüpfen können. Sind Sie in Zeiten der Not stets da? Zeigen Sie beständig Mitgefühl und Fürsorge? Analysieren

Sie die Grundlagen Ihrer engsten Beziehungen, und finden Sie heraus, welche Rolle darin Ihr starker Gerechtigkeitssinn spielt. Dann überlegen Sie, wie Sie dieses Muster anwenden können, um die Anzahl Ihrer Freundschaften zu vergrößern.

➤ Wenn Sie es gutheißen, dass andere Wert auf Fairness und Gleichbehandlung legen, würdigen Sie diese Personen und schaffen Sie auf diese Weise eine Grundlage für gegenseitige Unterstützung und wechselseitiges Verständnis. Am besten fahren Sie vermutlich mit Beziehungen zu Menschen, die ihr Leben nach ähnlichen Grundsätzen führen wie Sie selbst. Lassen Sie keine Gelegenheit aus, Menschen mit Werten und Idealen zu loben, die Sie bewundern. Sagen Sie ihnen, dass sie die Welt zu einem besseren Ort machen. Dadurch zeigen Sie ihnen, dass Sie bemerken, was sie am besten können, und dass Sie sich für sie interessieren.

Vermitteln Sie Stabilität

➤ Andere finden es tröstlich zu wissen, was von ihnen erwartet und was nicht toleriert wird. Teilen Sie ihnen die Regeln mit, damit sie sie nicht unabsichtlich brechen können.

➤ Wenn andere Ihren Verhaltenskodex kennen, können sie auf Ihre dauerhafte Unterstützung zählen. Thematisieren Sie die Bedeutung von Konsistenz bei Ihren Erwartungen an sich und andere. Damit vermitteln Sie anderen nicht nur die Regeln, sondern auch das dahinterstehende Prinzip. Sie können dann Ihr Verhalten in Situationen abschätzen, die nicht den Regeln entsprechen.

Erwecken Sie Hoffnung

➤ Wenn andere Sie um Hilfe bitten, suchen sie vielleicht den Trost Ihrer Konsistenz. Ihre Zusicherung, jederzeit für sie da zu sein, gibt ihnen Mut.

➤ Sie empfinden sich möglicherweise als Anwalt der Schwachen. Das sollte Ihnen ein gutes Gefühl geben – es bedeutet, dass nicht nur die Führenden Ihre Unterstützung benötigen, sondern alle. Geben Sie denjenigen Mut, die zu kämpfen haben. Beachten Sie auch ihre persönlichen Erfolgsmuster. Vielleicht streben sie auch eine Art von Leistung an, die nicht gut zu ihnen passt, und benötigen eine Neuorientierung. Helfen Sie ihnen, das Beste aus ihren Möglichkeiten zu machen, indem Sie ein Muster finden, das zu ihnen passt.

Führen von Menschen mit starkem Streben nach Gerechtigkeit (Konsistenz)

➤ Wenn Sie in Ihrem Unternehmen dauerhafte Vorgehensweisen einführen wollen, bitten Sie diese Person um die Ausarbeitung von Routineabläufen.

➤ Wenn diese Person eine analytische Position innehat, lassen Sie sie eher mit zusammengefassten als mit Einzelinformationen arbeiten. Sie ist wahrscheinlich besser darin, Generalisierungen und Muster in Gruppierungen zu erkennen, als Teilaspekte eines bestimmten Einzelthemas zu bearbeiten.

➤ Wenn Sie als Führungskraft Probleme in Situationen haben, in denen Regeln derart durchgesetzt werden müssen, dass sie für alle gleicherweise gelten und keine Ausnahme zulassen, können Sie diese Person um Hilfe bitten. Die entsprechenden Erklärungen und Begründungen werden ihr sehr leicht fallen.

➤ In Situationen, in denen verschiedene Menschen unbedingt gleich behandelt werden müssen, bitten Sie diese Person um Mithilfe bei der Entwicklung der Regeln und Abläufe.

Führen mit Kontext
(Context)

Menschen mit dem Talentthema Kontext denken gern über die Vergangenheit nach. Sie begreifen die Gegenwart durch das Erforschen ihrer Historie.

Bauen Sie Vertrauen auf

➤ Berichten Sie über Lebenserfahrungen, die Ihrer Einschätzung nach bei anderen Menschen Anklang finden. Es kann entscheidend zur Vertrauensbildung beitragen, wenn Sie genügend Verwundbarkeit beweisen und ein wenig aus Ihrer Vergangenheit preisgeben.

➤ Ermuntern Sie andere, ihre Lebensgeschichte und Erlebnisse zu erzählen, wenn sie diese mit Ihnen teilen möchten, und loben Sie ihr Vertrauen, wenn sie sich Ihnen öffnen.

Zeigen Sie Mitgefühl

➤ Sie interessieren sich für die Wurzeln, die Geschichte und die einschneidenden Momente im Leben der Menschen. »Berichten Sie mir von einem Wendepunkt in Ihrem Leben« ist für Sie ein großartiger Gesprächsauftakt. Stellen Sie gezielt Fragen nach Geschichten, die Ihnen beim Zuhören ebenso viel Vergnügen bereiten wie dem Gegenüber beim Erzählen. Indem Sie Interesse zeigen, beweisen Sie auch Anteilnahme.

➤ Merken Sie sich die Details der Geschichten, die Sie gehört haben, und nutzen Sie sie als weiterführende Verbindung zu dieser Person. Wenn Sie quer durch ein Zimmer hinweg mit jemandem Augenkontakt aufnehmen, weil etwas, das Sie gerade gehört haben, für Sie beide von Bedeutung ist, beweisen Sie damit, dass

Sie zugehört haben, dass Sie sich erinnern und dass Sie sich mit dem anderen verbunden fühlen.

Vermitteln Sie Stabilität

➤ Stabilität steht in Verbindung mit Kontext. Die Überzeugung, dass nichts in diesem Universum neu ist, bedeutet, dass wir diese Dinge schon einmal erlebt haben und das wieder tun werden. Wir haben Gefahren überlebt, das beweist unsere Tapferkeit und Zähigkeit und gibt uns Vertrauen und Mut, um neue Möglichkeiten des Triumphs zu finden.

➤ Die Geschichte lehrt uns Geduld, und wenn wir die Dinge aus der richtigen Perspektive betrachten, fördert das unser Verständnis und unser Vertrauen. Betrachten Sie die Aufgaben, mit denen Menschen heute konfrontiert werden, aus geschichtlicher Sicht. Helfen Sie anderen, die Vergangenheit als Lehrer zu begreifen und die Weisheit ihrer Lektionen zu würdigen.

Erwecken Sie Hoffnung

➤ Stellen Sie Fragen wie »Wie sind Sie zu dieser Entscheidung gekommen?« und »Ist Ihnen eine solche Situation oder Aufgabe in der Vergangenheit schon einmal begegnet?« Mit guten Fragen und sanfter Führung können Sie anderen helfen, einen Überblick über die Situation zu erlangen und Fehler nicht zu wiederholen. Sie können ihnen Hoffnung geben, indem Sie sie die Stärken erkennen lassen, die sie bereits bewiesen haben – und wieder beweisen werden.

➤ Helfen Sie anderen, ihrem Leben und den Umständen einen Sinn zu geben, indem Sie ihnen zeigen, wie sie ihre eigene Geschichte mit der Gegenwart und der Zukunft in Verbindung bringen können. Entwickeln Sie mit ihnen einen Zeitstrahl ihres Lebens, der wichtige Entscheidungen, Prüfungen, Erfolge und Wendepunkte enthält. Fragen Sie sie, was Sie an jedem dieser

Punkte gelernt haben. Lassen Sie sie darüber nachdenken, was sie jetzt auf der Grundlage des Gelernten tun können.

➤ Wenn Sie komplexe Ideen oder Vorschläge auf ihre grundlegendsten Elemente herunterbrechen, erkennen Sie besser den ursprünglichen Zweck oder Grund dahinter. Verfolgen Sie die Entwicklung eines Plans oder einer Idee zurück bis zu ihrem Ausgangspunkt, und erläutern Sie jenen, die danach fragen, die Zielrichtung. Dadurch stärken Sie die Mission Ihres Teams.

➤ Erinnern Sie Ihre Kollegen daran, dass die Werte und Ziele Ihres Unternehmens auf den Erkenntnissen aus der Vergangenheit beruhen. Halten Sie die Firmengeschichte lebendig, indem Sie immer wieder Geschichten erzählen, in denen das Essenzielle erfasst wird. Solche Geschichten können in der Gegenwart leitend und inspirierend wirken, weil sie Einblicke in die Vergangenheit liefern. So könnten Sie als »Bewahrer der Weisheit« wirken – oder wenigstens das Sammeln und Aufzeichnen dieser Weisheit anregen? Zukünftige Generationen werden Ihnen dafür dankbar sein.

Führen von Menschen mit dem Talentthema Kontext

➤ Wenn Sie diese Person um etwas bitten, nehmen Sie sich die Zeit ihr Ihren Gedankengang, der zu dieser Bitte geführt hat, zu erläutern. Sie muss den Hintergrund eines Handlungsablaufs verstehen, um sich dafür einsetzen zu können.

➤ Ganz egal in welchem Bereich, bitten Sie diese Person, aussagekräftige Geschichten zu sammeln, ihre jeweiligen Schlüsselerkenntnisse hervorzuheben und diese vielleicht in einer Schulung mit anderen zu teilen.

➤ Bitten Sie diese Person um das Sammeln von Anekdoten, in denen Menschen sich beispielhaft für die Grundwerte Ihrer Unternehmenskultur einsetzen. Wenn diese Geschichten in Newslettern, bei Schulungen, auf Websites, in Videos etc. weitergegeben werden, fördert das die Kultur.

Führen mit Behutsamkeit (Deliberative)

> Menschen mit großer Behutsamkeit definieren sich am besten über die große Sorgfalt, die sie bei ihren Entscheidungen an den Tag legen. Sie sehen Hindernisse im Voraus.

Bauen Sie Vertrauen auf

➤ Sie flößen Vertrauen ein, weil Sie im Hinblick auf sensible Themen vorsichtig und rücksichtsvoll sind. Setzen Sie Ihre Begabung ein, wann immer es um die Bewältigung komplizierter Aufgaben und Konflikte geht.

➤ Sie wenden viel Zeit dafür auf, die richtigen Dinge zu tun und die Dinge richtig zu tun; dafür ernten Sie Respekt. Lassen Sie es andere wissen, wenn Sie Zeit brauchen, ehe Sie eine Entscheidung treffen. Sie werden es bestimmt zu schätzen wissen, dass Sie nur ihr Bestes wollen.

Zeigen Sie Mitgefühl

➤ Sie erkennen die Bedeutsamkeit und Wichtigkeit jeder Beziehung, und diese Verantwortung nehmen Sie ernst. Wenn Sie sich einmal entschieden haben, jemanden in Ihren Freundeskreis aufzunehmen, pflegen Sie diese Beziehung. Investieren Sie in Aktivitäten und Gespräche, die Ihre Verbundenheit fördern, und öffnen Sie sich den Menschen, die Ihnen am wichtigsten sind. Lebenslange Freundschaften sind schwer zu finden, wie Sie wissen, und sie verdienen und verlangen Ihre Aufmerksamkeit und Zuneigung.

➤ Ihr Lob ist selten – und deshalb vielen so wertvoll. Wenn Sie also andere loben, nutzen Sie die Gelegenheit, es mit einem greifbaren Andenken an Ihre Anerkennung zu verbinden. Ein solches sichtbares Zeichen Ihrer Wertschätzung hält die Erinnerung an Ihr seltenes Lob lange Zeit lebendig.

Vermitteln Sie Stabilität

➤ Statt waghalsige Risiken einzugehen, nehmen Sie Entscheidungen eher vorsichtig in Angriff. Vertrauen Sie Ihrem Instinkt, wenn etwas »zu schön ist, um wahr zu sein«. Ihre Behutsamkeit und Vorsicht geben anderen das Gefühl von Sicherheit im Zusammenhang mit den von Ihnen gezogenen Schlüssen.

➤ Man schätzt die sorgfältigen Erwägungen, die Sie vor jeder Entscheidung anstellen. Erklären Sie, welche Möglichkeiten Sie analysiert haben und warum Sie sich für diese eine entschieden haben. Bedenken Sie, dass andere auch einen Anteil an der Entscheidung haben. Bitten Sie sie um ihre Meinung, und wägen Sie diese ebenso sorgfältig ab wie Ihre eigene.

Erwecken Sie Hoffnung

➤ Mäßigen Sie andere, die blindlings aktiv werden, indem Sie vor jeder Entscheidung eine »Frist zum Nachdenken« anordnen. Ihre Umsicht kann andere von übereilten zu wohlüberlegten Entschlüssen lenken.

➤ Wenn Sie sich mit einem bestimmten Thema gut auskennen, bieten Sie ihren Kollegen das Ergebnis Ihrer Recherchen und Analysen an. Ermuntern Sie sie, etwas auszuprobieren, wenn Sie es für das Richtige halten. Bieten Sie Ihnen unterstützende Fakten.

Führen von Menschen mit dem Talentthema Behutsamkeit

➤ Geben Sie dieser Person keine Position, in der rasche Urteile gefällt werden müssen. Sie fühlt sich nicht wohl dabei, Entscheidungen nur aus dem Gefühl heraus zu treffen.

➤ Ist dagegen Vorsicht gefragt, zum Beispiel in rechtlichen Fragen, bei Sicherheitsaspekten oder in puncto Präzision, lassen Sie diese Person die Führung übernehmen. Sie erfasst instinktiv, wo die Gefahren liegen könnten und wie man sich davor schützen kann.

➤ Diese Person ist herausragend gut bei Vertragsverhandlungen, insbesondere hinter den Kulissen. Sofern es sich mit den Aufgaben ihrer Position vereinbaren lässt, bitten Sie sie um ihre Teilnahme.

➤ Setzen Sie diese Person in Ihrem Unternehmen nicht als »Empfangskomitee«, dynamischen Starverkäufer oder Networking Spezialisten ein. Derart in den Vordergrund gestellt zu werden, liegt nicht in ihrer Natur.

➤ Was ihre Beziehungen angeht, ist diese Person wählerisch und macht große Unterschiede. Versetzen Sie sie daher nicht ständig von einem Team ins andere. Sie braucht die Sicherheit, dass die Menschen ihrer Umgebung kompetent und vertrauenswürdig sind, und es braucht seine Zeit, bis dieses Vertrauen aufgebaut ist.

➤ Diese Person ist dafür bekannt, dass sie nur wenig Lob verteilt, aber wenn, dann hat es sich der Gelobte redlich verdient.

Führen mit Entwicklung (Developer)

Menschen mit dem Talentthema Entwicklung erkennen und fördern das Potenzial anderer Menschen. Jede kleine Verbesserung wird von ihnen wahrgenommen und verschafft ihnen Befriedigung.

Bauen Sie Vertrauen auf

➤ Wenn man anderen etwas Gutes tut, ist das ein Zeichen für Charakter und eine Aufforderung, Vertrauen zu schenken. Helfen Sie anderen, ihr Potenzial zu entdecken, und bieten Sie ihnen an, sie bei dessen Entwicklung zu unterstützen. Dadurch erhöhen Sie die Anzahl und die Qualität Ihrer Beziehungen, und es wird Ihnen Freude machen, andere Menschen bei ihrem Wachstum zu begleiten.

➤ Nehmen Sie es nicht persönlich, wenn man Ihren guten Werken niedrige Motive unterstellt. Vielleicht braucht es Zeit, bis die anderen Ihnen vertrauen, wenn Sie Interesse an ihrer persönlichen Entwicklung zeigen. Lassen Sie sich Wochen, Monate, vielleicht sogar Jahre über die Schulter schauen, ehe Sie ihr volles Vertrauen erwarten. Andere können das möglicherweise nicht so schnell wie Sie.

Zeigen Sie Mitgefühl

➤ Das Wachstum und die Entwicklung anderer Menschen verschaffen Ihnen echte Befriedigung. Ihre natürliche Begabung, sich ganz auf andere zu konzentrieren, ist für diese ein Geschenk. Feuern Sie sie an, und sagen Sie ihnen, dass Sie an sie glauben. Ihr intensives Engagement berührt ihre Herzen und öffnet Ihnen den direkten Zugang zu ihnen. Die Unterstützung, die Sie ihnen so freigiebig anbieten, werden sie nie vergessen.

➤ »Am meisten lernen wir von denen, die wir lieben« ist ein Zitat, das Sie nachvollziehen können und schätzen. Wer liebt Sie? Wen lieben Sie? Schaffen Sie genügend Nähe, um nicht nur zu lehren und zu führen, sondern auch um zu lieben. Teilen Sie Ihre Gefühle mit. Sie erzeugen damit nachhaltige Impulse.

Vermitteln Sie Stabilität

➤ Wenn Sie erstmals mit jemandem an seiner Entwicklung arbeiten, würdigen Sie zunächst die bereits erfolgten Fortschritte. Das schafft eine Basis des Vertrauens und der Sicherheit. Es macht den nächsten Schritt weniger einschüchternd, wenn Sie Ihrem Gegenüber versichern, dass Sie auf seine Fähigkeiten vertrauen, da er sie ja bereits unter Beweis gestellt hat. Geben Sie Ihrer Gewissheit Ausdruck, dass er das nächste Ziel erreichen kann.

➤ Entwickler helfen anderen, über die Schwellen des Vertrauten zu schreiten. Sie bieten eine »Sicherheitszone«, in der andere ausprobieren können, scheitern und erneut ausprobieren dürfen. Richten Sie sie auf Erfolg aus, indem Sie ihnen sagen, dass es meist mehr als einen Versuch braucht, um ein ultimatives Ergebnis zu erzielen. Wenn Sie ihnen helfen, ihre Erwartungen auf ein gesundes Maß zu reduzieren, verschaffen Sie ihnen damit auch die Zuversicht, es erneut zu probieren.

➤ Ermutigen Sie andere, ihre Talente intensiv zu erforschen und auf die Probe zu stellen. Sie finden in Ihnen ein Sicherheitsnetz für mögliches Scheitern und werden es nicht in seiner vollen Härte empfinden. Dank Ihrer Unterstützung können sie die erforderlichen Risiken eingehen, um das Beste aus ihren Talenten zu machen.

Erwecken Sie Hoffnung

➤ Fordern Sie andere heraus, indem Sie gute Fragen stellen, die ihre Vorstellungskraft anregen. Was war das Beste, das sie je ge-

schafft haben? Wie viel könnten sie ihrer Meinung nach erreichen? Wovon träumen sie? Was würden sie tun, wenn es keine
Hindernisse auf dem Weg gäbe?

➤ Ihr wachstumsfördernder Ansatz ist Ihre spontane Antwort auf
Ihre Umgebung und macht Sie für viele zu einem anregenden
Mentor. Denken Sie darüber nach, was *Ihre* besten Mentoren ge-
tan haben, und lernen Sie daraus. Übernehmen Sie das, was für
Sie geeignet ist, und wenden Sie es für die Förderung und Ent-
wicklung der Menschen an, denen Sie als Mentor dienen.

➤ Sie werden versucht sein, mehr Menschen in ihrer Entwicklung zu unterstützen, als Ihnen möglich ist. Um diesem inneren Drang nachzugeben, werden Sie doch einfach ein »Mentor
für den Augenblick«. Viele der entscheidensten und nach-
haltigsten Entwicklungsschritte geschehen in einem einzigen
Moment, in dem zum richtigen Zeitpunkt die richtigen Worte
gesprochen werden – Worte, die das Begreifen fördern, eine Leidenschaft wiedererwecken, eine Gelegenheit eröffnen und einen Lebensweg verändern. Suchen Sie nach Gelegenheiten für
solche magischen Augenblicke.

Führen von Menschen mit dem Talentthema Entwicklung

➤ Geben Sie dieser Person eine Position, in der sie Kollegen zum
Wachstum verhelfen kann. Geben Sie ihr beispielsweise die Gelegenheit, ein oder zwei Personen als Mentor zu beraten oder einen Lehrgang über Firmenthemen zu leiten, zum Beispiel über
Sicherheit, Vergünstigungen oder Kundendienst. Falls erforderlich, zahlen Sie ihre Beiträge für eine Schulungsorganisation.

➤ Diese Person ist gut geeignet als Team- oder Abteilungsleiter.
Wenn sie bereits eine Führungsrolle innehat, suchen Sie in ihrer Abteilung nach Menschen, die auf Positionen mit größerer
Verantwortung befördert werden können. Diese Person wird sie
weiterentwickeln und auf die zukünftigen Aufgaben vorbereiten.

➤ Seien Sie sich dessen bewusst, dass diese Person möglicherweise einen Mitarbeiter mit geringerer Leistungsorientierung schützt, obwohl er längst hätte versetzt oder gekündigt werden müssen. Helfen Sie ihr, ihren Instinkt für Menschenförderung für das Erreichen von Zielen einzusetzen und nicht für die Unterstützung von Menschen in Notlagen. Die beste Förderung, die sie in diesen Fällen geben kann, ist die Suche nach anderen Einsatzmöglichkeiten, wo diese Leute sich wirklich entfalten können.

Führen mit Disziplin
(Discipline)

Menschen mit hoher Disziplin lieben Routine und feste Strukturen. Ihre Welt definiert sich über die Ordnung, die sie schaffen.

Bauen Sie Vertrauen auf

➤ Sie lassen sich niemals gehen, und man respektiert Sie für Ihre kompromisslosen Maßstäbe. Halten Sie sich selbst an die Standards, die Sie aufstellen, wird Ihr Handeln Ihre Integrität sichtbar machen.

➤ Man kann sich darauf verlassen, dass Sie für die korrekte Durchführung jedes einzelnen Details sorgen. Disziplin kann zu einer Grundlage des Vertrauens werden, wenn die Leute sehen, dass ihre Erwartungen immer wieder erfüllt werden. Sie werden beginnen, Ihre kontinuierliche Einhaltung zu respektieren.

Zeigen Sie Mitgefühl

➤ Ihr ausgeprägter Ordnungssinn macht Sie zu einem hervorragenden Partner für alle, die an Ihrer Disziplin teilhaben wollen. Suchen Sie die positiven Merkmale anderer, über die Sie selbst nicht verfügen, loben Sie sie und bauen Sie Beziehungen auf, die auf gegenseitiger Wertschätzung basieren. Andere werden sich auf Sie verlassen und Sie sich auf die anderen, wenn Sie einander in einer Partnerschaft auf ideale Weise ergänzen.

➤ Sie können andere Menschen unterstützen, indem Sie sich um die Details kümmern, die diese mit Sicherheit übersehen werden. Nehmen Sie die Rolle eines fürsorglichen Freundes ein und entlasten Sie andere von den kleinen Einzelheiten, mit denen sie überlastet sind. Sie können ihnen das Leben erleichtern – und gleichzeitig Wertschätzung erfahren.

Vermitteln Sie Stabilität

➤ Sie sind berechenbar und konsequent. Sie tun das Notwendige, wenn es notwendig ist – nicht vorher. Lassen Sie die anderen Einblick in Ihre Zeitplanung nehmen und zeigen Sie ihnen, wie Sie die versprochenen Schritte durchführen. Man wird Ihnen gern Projekte anvertrauen, wenn man sieht, dass Sie Ihren Worten Taten folgen lassen.

➤ Nicht jeder ist mit dem gleichen Ordnungssinn wie Sie gesegnet. Lassen Sie andere teilhaben an der Ruhe und Gelassenheit, die Sie aus der Ordnung schöpfen, indem Sie ihnen zeigen, dass Sie die Situation unter Kontrolle haben. Vermitteln Sie ihnen, dass alles zu seiner Zeit erledigt wird und das gesamte Projekt planmäßig abläuft. Das gibt den Menschen um Sie herum die Freiheit, das zu tun, was sie gut können, denn sie wissen, dass sie nichts Wichtiges mehr übersehen können.

Erwecken Sie Hoffnung

➤ Leistungsziele spornen Sie an; sie erledigen gern Tag für Tag und Woche für Woche Ihre Aufgaben. Wenn andere Ihre Produktivität bemerken, lassen sie sich auch von Ihren Leistungszielen zur Nachahmung anregen. Erläutern Sie interessierten Teammitgliedern Ihre Aufgaben, Ziele und Fristsetzungen, damit sie sich ein Beispiel für ihre eigene Arbeitseinteilung nehmen können.

Führen von Menschen mit hoher Disziplin

➤ Geben Sie dieser Person die Gelegenheit, Struktur in eine verworrene oder chaotische Situation zu bringen. Sie wird sich in solchen ungeordneten Umständen nicht wohl fühlen – und das sollten sie auch nicht von ihr erwarten –, deshalb wird sie keine Ruhe geben, bis Ordnung und Übersichtlichkeit wiederhergestellt sind.

➤ Wenn es in einer vorgegebenen Frist viele Dinge zu erledigen gibt, beachten Sie, dass diese Person das Bedürfnis haben wird, sich eine Prioritätenliste zu erstellen. Nehmen Sie sich die Zeit, das gemeinsam mit ihr zu tun, und wenn der Plan steht, halten Sie sich auch daran.

➤ Wenn es angemessen ist, bitten Sie diese Person, Ihnen bei der Planung und Organisation Ihrer eigenen Arbeit behilflich zu sein. Sie könnten sie Ihr Zeitmanagement überarbeiten lassen oder sie um Vorschläge für die Neugestaltung einiger Abläufe in Ihrer Abteilung bitten. Erklären Sie ihren Kollegen, dass dies eine ihrer Stärken ist, und regen Sie diese an, sie ebenfalls um Hilfe zu bitten.

➤ Diese Person kann besonders gut Routineabläufe entwickeln, mit denen sie ihre Arbeit effizient gestaltet. Wenn sie gezwungen ist, in Situationen mit hohem Bedarf an Flexibilität und schneller Reaktionsfähigkeit zu arbeiten, lassen Sie sie eine Reihe von Routinen entwickeln, die für bestimmte Umstände anwendbar sind. Auf diese Weise kann sie auf abrufbare Handlungsmuster zurückgreifen, egal welchen Überraschungen sie gegenübersteht.

Führen mit Einfühlungsvermögen (Empathy)

Menschen mit großem Einfühlungsvermögen können die Gefühle anderer nachvollziehen, indem sie sich in ihr Leben oder ihre Situation hineinversetzen.

Bauen Sie Vertrauen auf

➤ Helfen Sie anderen, komplexe Emotionen zu artikulieren und einzuordnen, wenn sie sich in einer besorgniserregenden Lage befinden. Respektieren Sie ihre Gefühle, und lassen Sie sie frei aussprechen, was sie aussprechen wollen, ob das nun Ihren eigenen Empfindungen entspricht oder nicht. Würdigen Sie diese Gefühle und gehen Sie ehrlich damit um, um Vertrauen aufzubauen.

➤ Da Vertrauen für Sie von großer Bedeutung ist, teilen viele Ihrer Bekannten gern ihre Gedanken, Gefühle, Sorgen und Wünsche mit Ihnen. Ihre Diskretion und Ihr Bedürfnis, wirklich zu helfen, wird hoch geschätzt.

Zeigen Sie Mitgefühl

➤ Es freut Sie, wenn andere glücklich sind. Demzufolge suchen Sie gern Gelegenheiten, um die Erfolge dieser Menschen herauszustellen und ihre Leistungen positiv zu bestärken. Drücken Sie bei jeder dieser Gelegenheiten Ihre Wertschätzung oder Ihre Anerkennung aus. Damit werden Sie bei der betroffenen Person einen tiefen und nachhaltigen Eindruck hinterlassen.

➤ Manchmal verstehen Sie die Gefühle anderer, bevor diese sie selbst erkennen. Diese verblüffende Fähigkeit kann störend oder tröstlich sein, je nachdem, wie sie sich nach außen darstellt. Stellen Sie Fragen, die Menschen behutsam an die Erkenntnis dessen heranführen, was Sie bereits vermuten. Helfen Sie ihnen, ihre Gefühle zu benennen und einen eigenen Weg zur Selbsterkenntnis zu finden, und man wird Sie als Partner sehr schätzen.

Vermitteln Sie Stabilität

➤ Sie sind empfänglich für die Emotionen anderer und können daher mühelos die emotionale Atmosphäre in einem Raum beurteilen. Setzen Sie Ihr Talent ein, um eine Brücke des Verständnisses und gegenseitiger Unterstützung zu bauen. Ihr Einfühlungsvermögen ist gerade in Zeiten der Herausforderung wichtig, denn hier zeigt sich Ihr Engagement als Führungskraft, mit dem Sie Sicherheit und Loyalität herstellen.

➤ Geduld und Verständnis sind Ihre Markenzeichen. Nehmen Sie sich Zeit, andere aussprechen zu lassen, urteilen Sie nicht vorschnell. Wenn Sie anderen Menschen Zeit und Raum geben, um in geschützter Umgebung ihre eigenen Gedanken und Gefühle zu sortieren, vermittelt ihnen das Stabilität und Gelassenheit.

Erwecken Sie Hoffnung

➤ Häufig wählt man Sie zum Vertrauten oder Mentor. Bestätigen Sie den Personen ihrer Umgebung, dass dies für Sie eine befriedigende Beziehung darstellt, damit diese Sie gern aufsuchen. Ermutigen Sie sie, indem Sie zum Ausdruck bringen, was Sie über ihre Zielsetzung denken; inspirieren Sie sie und helfen Sie ihnen, ihre Träume zu verwirklichen, indem Sie sich mit ihnen gemeinsam ausmalen, wie ihre Ziele aussehen könnten.

➤ Aufgrund Ihres hohen Einfühlungsvermögens können Sie Ereignisse und Reaktionen voraussagen. Da Sie stets beobachten, wie andere sich fühlen, erspüren Sie im Voraus, was im Unternehmen passieren wird, ehe es öffentlich gemacht wird. Bringen

144

Sie andere dazu, für positive Gefühle offen zu sein, damit Sie als Gruppe daraus Hoffnung schöpfen können.

Führen von Menschen mit hohem Einfühlungsvermögen

➤ Seien Sie aufmerksam, aber überreagieren Sie nicht, wenn diese Person weint. Tränen gehören zu ihrem Leben. Sie empfindet die Freuden oder Tragödien im Leben anderer oft stärker als die Betroffenen selbst.

➤ Helfen Sie dieser Person, ihr Einfühlungsvermögen als besondere Gabe zu betrachten. Für sie ist es vielleicht so selbstverständlich, dass sie glaubt, jeder empfinde so wie sie, oder sie ist von der Heftigkeit ihrer Gefühle peinlich berührt. Zeigen Sie ihr, wie sie ihre Stärke zum Wohle aller einsetzen kann.

➤ Prüfen Sie die Fähigkeit dieser Person, Entscheidungen eher instinktiv als rational zu treffen. Sie kann vielleicht nicht formulieren, warum eine bestimmte Handlung ihr angemessen erscheint, aber entscheidet sich trotzdem oft instinktiv richtig. Fragen Sie sie: »Was sagt Ihnen Ihr Gefühl?«

➤ Sorgen Sie dafür, dass diese Person mit positiven, optimistischen Kollegen zusammenarbeitet. Sie wird diese Gefühle annehmen und sich davon motivieren lassen. Halten Sie sie fern von Pessimisten und Zynikern. Solche Menschen deprimieren sie.

Führen mit Fokus
(Focus)

Menschen mit dem Talentthema Fokus schlagen eine Richtung ein, der sie folgen, und sie nehmen die notwendigen Korrekturen vor, um auf ihrem Weg zu bleiben. Sie setzen Prioritäten, ehe sie handeln.

Bauen Sie Vertrauen auf

➤ Man respektiert Sie, weil Sie wissen, was wichtig ist und Ihre Aufmerksamkeit darauf gerichtet halten. Sorgen Sie dafür, keine Nebensächlichkeiten zu delegieren. Ehe Sie jemanden um etwas bitten, fragen Sie sich, ob es Auswirkungen auf die Gesamtleistung hat. Wenn es Ihre Zeit nicht wert ist, ist es möglicherweise überhaupt keine Zeit wert, und Sie brauchen gar nicht erst zu fragen. Man vertraut Ihrem Urteil.

➤ Mit Ihrem Talentthema Fokus wissen Sie, dass das Leben aus Entscheidungen besteht. Denken Sie daran, dass jeder für seine eigenen Beschlüsse verantwortlich ist. Zeigen Sie anderen, dass Sie ihre Entscheidungen verstehen und respektieren.

Zeigen Sie Mitgefühl

➤ Nehmen Sie sich etwas Zeit, um eingehend über die Prioritäten in Ihrem Leben nachzudenken. Verwenden Sie Ihre Stärke im Fokussieren, um nicht nur wichtige Projekte anzusteuern, sondern auch Menschen. Setzen Sie Ziele und entwerfen Sie Strategien, um ihnen die Zeit und Aufmerksamkeit zuteil werden zu lassen, die sie als Partner in Ihrem Leben verdienen. Fügen Sie diese Ziele Ihrer täglichen Aufgabenliste hinzu, und haken Sie ab, was Sie erledigt haben.

➤ In welchen Mitarbeiter sollten Sie am Arbeitsplatz investieren? Wer erleichtert Ihnen täglich das Leben durch seinen beruflichen Einsatz? Zeigen Sie Ihre Anerkennung für diejenigen, die Ihnen ermöglichen, effizient zu arbeiten. Würdigen Sie deren Anteil an Ihrer Leistungsfähigkeit, und vergessen Sie nicht, auch diesen Menschen hilfreich zur Seite zu stehen, wenn sie Sie einmal brauchen sollten.

Vermitteln Sie Stabilität

➤ Erweitern Sie die Wirksamkeit Ihres Talentthemas Fokus, indem Sie den Zeitraum erweitern, den Sie im Allgemeinen im Voraus planen. Wenn Sie also für gewöhnlich ein Jahr im Voraus planen, versuchen Sie ab jetzt, drei Jahre vorauszuplanen. Erhöhen Sie schrittweise den Zeitrahmen, für den Ihre Prognose gilt. Teilen Sie anderen Ihre Gedanken mit. Wenn diese wissen, dass Sie langfristig planen, gibt ihnen das Sicherheit.

➤ Wenn Sie mit Ihrer Familie und Ihrem Team langfristige Ziele verfolgen, lassen Sie sie wissen, dass sie Teil Ihrer zukünftigen Pläne sind. Geben Sie ihnen die Bestätigung, dass Sie sie schätzen und brauchen und für sie da sein werden.

Erwecken Sie Hoffnung

➤ Im Laufe des Lebens sammeln sich Verantwortlichkeiten und Aufgaben an, die möglicherweise an Bedeutung für uns verloren haben. Helfen Sie anderen dabei, sich von einem Teil der so aufgelaufenen überflüssigen Verpflichtungen zu befreien. Stellen Sie Fragen wie »Welches sind die wichtigsten Prioritäten in Ihrem Leben und bei Ihrer Arbeit?«, »Was machen Sie bei diesen Dingen besonders gern?« und »Was würde passieren, wenn Sie damit aufhören?« Indem Sie diese Fragen ansprechen, bringen Sie andere dazu, ihre Energien zu fokussieren – oder neu auszurichten – und einen neuen Blick in die Zukunft zu gewinnen.

➤ Investieren Sie in Ihr Unternehmen, indem Sie die berufliche Laufbahn der vielversprechendsten Protegés begleiten. Als

Mentor können Sie ihnen helfen, klare Karrierepläne zu verfolgen und durch geplantes Handeln die wichtigsten Ziele zu erreichen.

➤ Entscheidend für Ihre Effektivität sind messbare, spezifische und greifbare Leistungsziele. Sie setzen sich gern kleine Etappenziele, weil diese Ihr Fokus-Talent fördern. Teilen Sie Ihre Ziele, Messsysteme und Leistungsanforderungen auch Ihren Mitarbeitern mit. Das verbessert den Teamgeist und regt sie an, ihren persönlichen Fortschritt in Relation zu den übergeordneten Unternehmenszielen zu setzen.

Führen von Menschen mit dem Talentthema Fokus

➤ Setzen Sie Ziele mit Zeitvorgaben und lassen Sie diese Person dann planen, wie sie diese erreichen kann. Am besten arbeitet sie in einem Umfeld, in dem sie ihre Arbeitsabläufe selbst kontrollieren kann.

➤ Führen Sie mit dieser Person regelmäßige Gespräche, in denen Sie sich mit ihr über ihre Leistungsfortschritte austauschen – so oft, wie sie das für hilfreich hält. Sie findet eine solche regelmäßige Aufmerksamkeit erstrebenswert, denn sie spricht gern über Ziele und ihre Fortschritte auf dem Weg dorthin. Fragen Sie sie, wie oft Sie sich zusammensetzen wollen, um über Ziele und Pläne zu sprechen.

➤ Erwarten Sie nicht, dass diese Person jederzeit empfänglich für die Emotionen anderer ist; oft hat es für sie oberste Priorität, ihre Arbeit zu erledigen. Falls sie auch über das Talent-Leitmotiv Einfühlungsvermögen verfügt, wird dies natürlich abgeschwächt. Seien Sie sich dennoch bewusst, dass es eventuell passieren kann, dass diese Person die Gefühle anderer verletzt, während sie ihre Ziele verfolgt.

➤ Ständig wechselnde Situationen sind dieser Person nicht förderlich. Um damit umzugehen, sollten Sie bei der Ankündigung von

Veränderungen eine Sprache verwenden, für die sie empfänglich ist. Sprechen Sie beispielsweise von »neuen Zielen« und »neuen Erfolgskennzahlen«, geben Sie dem Wandel eine Richtung und ein Ziel. Das entspricht ihrer Vorstellungswelt.

➤ Lassen Sie diese Person ein Seminar für Zeitmanagement besuchen. Dies zählt vielleicht nicht zu ihren ureigenen Stärken. Doch weil ihr Fokus sie auf ihre Ziele konzentriert, die sie so schnell wie möglich verwirklichen will, wird sie die höhere Effizienz zu schätzen wissen, die ein gutes Zeitmanagement mit sich bringt.

Führen mit Zukunftsorientierung (Futuristic)

Menschen mit hoher Zukunftsorientierung lassen sich von der Zukunft und ihren Möglichkeiten inspirieren. Anderen geben sie mit ihren Zukunftsvisionen Anregungen.

Bauen Sie Vertrauen auf

➤ Wenn Sie anderen Menschen helfen möchten, sich die Möglichkeiten vorzustellen, die vor ihnen liegen, sorgen Sie dafür, dass ihre Visionen in der Realität verankert sind. Nicht jedem fällt es so leicht wie Ihnen, sich auszumalen, wie die Welt in ein paar Jahrzehnten aussieht, also liefern Sie möglichst viele Details darüber, was andere tun können, um Teil der Zukunft zu werden. Eine realistische Einstellung fördert das Vertrauen in Ihre visionären Ideen.

➤ Aufgrund Ihrer natürlichen Voraussicht erkennen Sie gelegentlich auch problematische Entwicklungen am Horizont. Auch wenn Sie lieber über Möglichkeiten als über Probleme sprechen, können Sie anderen helfen, potenzielle Hindernisse zu erkennen und zu beseitigen, ehe sie Schwierigkeiten hervorrufen. Man wird sich in dieser Hinsicht gern auf Sie verlassen und Ihrem Weitblick vertrauen.

Zeigen Sie Mitgefühl

➤ Eine der besten Methoden, um mit anderen eine Bindung aufzubauen, ist das Zuhören. Fragen Sie die Menschen, die Sie führen, nach ihren Träumen. Lassen Sie sie die aus ihrer Sicht ideale Zukunft beschreiben. Mit Sicherheit finden Sie in diesen Geschichten einen Anknüpfungspunkt für Ihr Talent der Zukunftsorientierung. Bauen Sie darauf auf, indem Sie Fragen stellen und durch das Formulieren von Gefühlen Klarheit schaffen. Diese Menschen werden sich Ihnen verbunden fühlen, weil Sie Interesse an ihren Hoffnungen und Träumen für die Zukunft gezeigt haben.

➤ Sie sehen die Zukunft klarer als andere. Träumen Sie ruhig auch ein bisschen für andere. Sagen Sie ihnen, dass diese Träume wahr werden können, wenn sie sie ins Visier nehmen. Vielleicht entdecken Sie darin Begabungen, die Ihrem Gegenüber verborgen geblieben sind, oder Gelegenheiten, die er noch nicht in Betracht gezogen hat. Es beweist Ihre Fürsorge und Freundschaft, wenn Sie sich Zeit nehmen, über die Möglichkeiten und das Wohlergehen anderer Menschen nachzudenken. Es zeigt, dass Sie eine Führungspersönlichkeit sind.

Vermitteln Sie Stabilität

➤ Manche übertreiben die Angst vor dem Gegenwärtigen, weil sie nicht über den Augenblick hinausschauen können in eine Zeit, wenn auch dies vorüber sein wird. Sie besitzen die Gabe der Perspektive, Ihr Denken wird nicht durch aktuelle Umstände begrenzt. Lassen Sie andere an Ihrer Gelassenheit teilhaben, an dem Bewusstsein, dass die Erde sich weiterdreht und alles einmal Vergangenheit sein wird.

➤ Wenn Sie über die Zukunft nachdenken, suchen Sie regelmäßig das Gespräch mit Ihren Mitarbeitern über deren Gefühle. Wenn Ihre Visionen zu kühn sind, als dass sie ihnen folgen könnten, oder wenn es zu viele Unwägbarkeiten gibt, sind sie vielleicht besorgt oder fühlen sich unwohl. Fragen Sie sie, wie sie sich selbst in den von Ihnen vorgestellten Szenarios sehen, und machen Sie deutlich, dass es sich dabei um »Was-wäre-wenn«-Bilder, nicht um »So-muss-es-sein«-Pläne handelt. Jeder Einzelne bestimmt sein Schicksal selbst.

Erwecken Sie Hoffnung

> Da Sie über die Gabe der Voraussicht verfügen, überrascht es Sie nicht, wenn man Sie auf der Suche nach Richtung und Leitung um Unterstützung bittet. Möglicherweise hatten Sie Ihr Leben lang für andere eine Führungsrolle inne. Überdenken Sie diese Rolle. Denken Sie darüber nach, welche Fragen Sie stellen sollten. Was brauchen andere von Ihnen? Wie können Sie das herausfinden? Wenn andere Ihre Hilfe suchen, können Sie deren Erwartungen und Wünsche durch einen solchen Fragenkatalog besser erfüllen.

> Ihre Bilder der Zukunft sind eine Inspiration für andere. Achten Sie darauf, dass Sie die Zukunft detailreich, mit lebendigen Worten und Metaphern schildern, damit man Ihren kühnen Gedankengängen besser folgen kann. Konkretisieren Sie Ihre Ideen und Strategien anhand von Zeichnungen, detaillierten Handlungsanweisungen oder Modellen, damit Ihre Mitarbeiter genau erkennen, worauf Sie hinauswollen.

Führen von Menschen mit hoher Zukunftsorientierung

> Geben Sie dieser Person genügend Zeit, um jene Produkte und Dienstleistungen zu überdenken, schriftlich zu erfassen und zu planen, die Ihr Unternehmen in Zukunft benötigen wird. Verschaffen Sie ihr die Gelegenheit, ihre Perspektive in Unternehmens-Newslettern, bei Meetings oder Branchentreffen vorzustellen.

> Geben Sie dieser Person einen Posten im Planungskomitee des Unternehmens. Lassen Sie sie ihre von Fakten untermauerte Vision des Unternehmens, wie sie es in drei Jahren sieht, vorstellen. Und lassen Sie sie diese Präsentation alle sechs Monate wiederholen. So kann sie dieses Zukunftsbild mit neuen Fakten und Einsichten verfeinern.

> Wenn Ihr Unternehmen Leute braucht, die offen für Veränderungen sind, bitten Sie diese Person, die Veränderungen im

Kontext der zukünftigen Bedürfnisse des Unternehmens vorzustellen. Lassen Sie sie diesen neuen Richtungen in einer Präsentation oder einem Artikel eine konkrete Perspektive verleihen. Ein solcher Mitarbeiter kann andere beim Überwinden gegenwärtiger Unsicherheit helfen und sie mit ihrer Begeisterung für die Möglichkeiten der Zukunft anstecken.

Führen mit Harmoniestreben
(Harmony)

Menschen mit ausgeprägtem Harmoniestreben trachten immer nach Konsens. Sie mögen keine Konflikte, sondern suchen nach Bereichen der Übereinstimmung.

Bauen Sie Vertrauen auf

➤ Sie erweisen anderen Respekt, indem Sie deren Meinung wertschätzen und ihnen Gehör verschaffen. Gelegentlich müssen Sie vielleicht klarstellen, dass der Standpunkt jedes Einzelnen wichtig ist und Respekt, wenn nicht sogar Zustimmung, verdient. Lernen Sie, die Wichtigkeit des Zuhörens kurz, aber effektiv zu kommunizieren.

➤ Es sind nicht nur die lautesten Stimmen, die gehört werden sollten. Manchmal müssen Sie die Diskussion unterbrechen und dafür sorgen, dass jeder zu Wort kommt. Stellen Sie in diesen Fällen sicher, dass ein vertrauens- und respektvoller Umgang miteinander gewährleistet ist, damit auch die Stilleren ihre Meinung gern mitteilen. Wenn Sie deutlich machen, dass man bessere Entscheidungen treffen kann, nachdem man alle Stimmen gehört hat, werden alle Beteiligten Ihren Beweggründen vertrauen und eher bereit sein, die Redezeit gleichmäßig zu verteilen.

Zeigen Sie Mitgefühl

➤ Ihr Harmoniestreben macht das Leben angenehmer. Sie verringern Belastungen durch die Verringerung von Konflikten und Reibungsflächen. Nehmen Sie sich ein bisschen Zeit, um den höheren Zweck Ihres Unternehmens in ein Konzept zu fassen.

Wenn Spannungen entstehen, erinnern Sie die anderen an die übergeordnete Aufgabe, die Sie alle miteinander verbindet. Damit glätten Sie nicht nur die Wogen, sondern bringen die Beteiligten auch auf eine andere Ebene, die auf dem gemeinsamen Ziel begründet ist. Man fühlt sich zu Ihnen hingezogen, weil Sie die Meinung jedes Einzelnen berücksichtigen und andere Standpunkte würdigen.

➤ Es ist für Sie ganz selbstverständlich, Gemeinsamkeiten zu finden. Ihr Wunsch nach Harmonie zwischen Individuen und Gruppen zeigt, dass Sie Anteil nehmen, und fördert Einzel- und Gruppenbeziehungen. Wie viele Übereinstimmungen können Sie auf diese Weise finden? Zählen Sie sie und versuchen Sie, im Laufe der Zeit den Durchschnitt zu erhöhen. Je höher die Zahl der Verbindungspunkte ist, desto größer wird auch die Chance für den Aufbau bedeutsamer und lang währender Beziehungen.

Vermitteln Sie Stabilität

➤ Ganz selbstverständlich vermitteln Sie Frieden und gegenseitiges Verständnis. Dieser Ansatz macht es jedem möglich, mit der Gruppe verbunden zu bleiben, selbst wenn die Meinungen auseinandergehen. Erinnern Sie andere daran, dass die Stärke einer Gruppe in der Fähigkeit besteht, auf respektvolle Weise eine Vielzahl von Ideen zur Diskussion zu stellen. Ihr Geschick beim Beschwichtigen jener mit abweichenden Meinungen gibt jedem Teilnehmer ein Gefühl der Sicherheit, dass die Gruppe intakt bleibt, egal welche Aufgaben ihr bevorstehen.

➤ Sie wirken auf andere beruhigend, weil Sie die Wogen glätten und jedem helfen, einen klaren Kopf zu bewahren. Sie sorgen dafür, dass niemand sich von gedankenlos im Eifer des Gefechts ausgesprochenen Worten verletzt fühlt. Eine Atmosphäre der Würde und des Respekts gibt anderen Selbstvertrauen, wenn sie an der Reihe sind, ihren Standpunkt darzustellen.

Erwecken Sie Hoffnung

➤ Gründen und fördern Sie Aktivitäten und Foren, in denen Menschen das Gefühl gegeben wird, dass man sich ihre Ansichten wirklich anhört. Dadurch stärken Sie die emotionale Mitarbeiterbindung, erhöhen die individuellen Leistungen und liefern einen Beitrag zur Gesamtleistung von Teams. Letztlich erwächst daraus neue Hoffnung für die Zukunft.

➤ Pflegen Sie Ihr Talent, ohne große Aufregung Lösungen zu finden, indem Sie Qualifikationen und Know-how zusammenbringen. Üben Sie sich in den einzelnen Schritten der Konfliktbehandlung, und bitten Sie jemand anderen, mit Ihnen gemeinsam zu lernen. Sie können einander Mut und Inspiration geben, Experten auf dem Gebiet der Lösungsfindung durch Konsens zu werden. Lernen und lehren Sie gleichzeitig.

Führen von Menschen mit starkem Harmoniestreben

➤ Suchen Sie nach Bereichen und Themen, in denen Sie mit dieser Person übereinstimmen, und besprechen Sie diese Dinge regelmäßig mit ihr. Bringen Sie sie mit anderen Menschen zusammen, die ebenfalls viel Wert auf Harmonie legen. Sie wird grundsätzlich konzentrierter, produktiver und kreativer sein, wenn sie sich unterstützt fühlt.

➤ Wundern Sie sich nicht, falls diese Person Ihnen sogar dann zustimmt, wenn Sie im Unrecht sind. Es kann vorkommen, dass sie aus Gründen der Harmonie mit dem Kopf nickt, obwohl Sie Ihre Idee nicht besonders gut findet. Sie brauchen daher auch andere Personen, die ihre Meinung bedenkenlos äußern, um nicht die Bodenhaftung zu verlieren.

Führen mit Vorstellungskraft (Ideation)

Menschen mit großer Vorstellungskraft sind fasziniert von Ideen. Sie können Verbindungen zwischen scheinbar völlig unterschiedlichen Phänomenen herstellen.

Bauen Sie Vertrauen auf

➤ Der Grund, warum Sie so interessiert an allem Neuen sind, lässt andere auf Ihre Entscheidungsstärke vertrauen. Erklären Sie das »Warum« Ihres Handelns. Machen Sie deutlich, dass Sie den Status quo verbessern wollen, dass Sie versuchen, die Welt besser erklären zu können und dass Sie Entdeckungen machen wollen, die der Menschheit von Nutzen sein können.

➤ Vereinfachen Sie. All Ihre Ideen, Möglichkeiten und Verknüpfungen wirken auf manche Leute verwirrend. Sie sehen die Schlichtheit des zugrunde liegenden Prinzips; erläutern Sie es anderen, damit auch sie es erkennen. Je durchschaubarer alles für sie wird, desto sicherer können die Menschen in Ihrer Umgebung sein, dass Sie etwas Richtiges und Sinnvolles tun. Helfen Sie ihnen, die Verbindung herzustellen zwischen dem, was ist, und dem, was sein kann.

Zeigen Sie Mitgefühl

➤ Man schätzt Ihre kreative Vorstellungskraft und Ihre ständige Suche nach neuen Ideen. Nehmen Sie andere mit an Bord. Fordern Sie sie auf, mit Ihnen zu träumen. Gemeinsame Begeisterung für Ideen und Möglichkeiten, mögen sie auch noch so unterschiedliche Bereiche und Ansätze berühren, kann die Grundlage für eine beiderseits erfüllende Beziehung bilden.

➤ Verbünden Sie sich mit anderen, die praxisorientiert arbeiten – Menschen, die Ihre Ideen Wirklichkeit werden lassen können. Sie können ihnen Inspiration geben; umgekehrt können diese Menschen Ihnen helfen, Ihre Träume zu realisieren. Es sind gerade die Unterschiede, die verbinden und erfolgreicher machen, als jeder für sich es sein könnte. Achten und würdigen Sie das, was andere beisteuern.

Vermitteln Sie Stabilität

➤ Stabilität und Vorstellungskraft scheinen Gegensätze in sich selbst zu sein. Sie sind ständig auf der Suche nach Möglichkeiten, mit Konventionen zu brechen und die Dinge aus einer neuen Perspektive zu betrachten. Bringen Sie zum Ausdruck, dass Sie nicht das Bestehende zerstören, sondern die Dinge verbessern möchten. Ihr Verständnis von Sicherheit ist nicht, den Status quo aufrechtzuerhalten und alles so zu machen, wie es immer schon gemacht wurde; für Sie bedeutet Sicherheit, auf die Zukunft vorbereitet zu sein.

➤ Sie müssen Risiken eingehen. Doch Sie können andere beruhigen, wenn Sie ihnen klarmachen, dass diese Risiken kalkuliert und nicht willkürlich sind. Vermitteln Sie Zuversicht, indem Sie anderen die Logik hinter Ihrer Suche nach allem Neuen zeigen, und sorgen Sie dafür, dass diese Menschen immer auf dem Laufenden gehalten werden.

Erwecken Sie Hoffnung

➤ Mit den Mitarbeitern in der Forschung und Entwicklung verbindet Sie eine selbstverständliche Übereinstimmung; Sie mögen die Einstellung der Visionäre und Träumer in Ihrem Unternehmen. Verbringen Sie Zeit mit ideenreichen Mitarbeitern, und nehmen Sie an ihren Brainstorming-Sitzungen teil. Laden Sie auch andere dazu ein, von denen Sie wissen, dass sie gute Ideen haben. Als Führungskraft mit außergewöhnlicher Vorstellungskraft leisten Sie Ihren Beitrag zu inspirierenden Ideen und deren Umsetzung.

➤ Suchen Sie nach Menschen in anderen Lebensbereichen, die gern über Ideen sprechen, und bauen Sie beiderseits bereichernde und befriedigende Beziehungen auf. Das Know-how und die Träume aus einem Bereich, der Ihnen unbekannt ist, können Sie inspirieren. Erfüllen Sie Ihr gegenseitiges Bedürfnis nach kühnen Visionen.

Führen von Menschen mit großer Vorstellungskraft

➤ Diese Person hat kreative Ideen. Achten Sie darauf, ihr eine Position zu geben, in der ihre Ideen gewürdigt werden.

➤ Ermuntern Sie diese Person zu nützlichen Ideen oder Einsichten, die Ihren besten Kunden vorgestellt werden können. Gallup-Studien haben gezeigt, dass es die Loyalität der Kunden erhöht, wenn das Unternehmen ihnen mit Bedacht etwas Neues beibringt.

➤ Für diese Person ist es sehr wichtig, zu wissen dass alles ineinandergreift. Wenn Entscheidungen getroffen werden, nehmen Sie sich die Zeit, ihr zu zeigen, wie sich diese auf dieselbe Theorie oder dasselbe Konzept zurückführen lassen.

➤ Wenn eine bestimmte Entscheidung nicht in ein übergeordnetes Konzept passt, erklären Sie dieser Person unbedingt, dass es sich dabei um eine Ausnahme oder ein Experiment handelt. Ohne eine solche Erklärung würde sie sich Sorgen machen, dass das Unternehmen von seiner Linie abweicht.

Führen mit Integrationsbestreben (Includer)

Menschen mit starkem Integrationsbestreben akzeptieren andere. Sie achten auf jene, die sich ausgeschlossen fühlen, und sorgen dafür, dass sie eingegliedert werden.

Bauen Sie Vertrauen auf

➤ Ihr vollständiger Verzicht auf Elitedenken flößt Menschen Respekt und Achtung ein. Man kann sich darauf verlassen, dass Sie eine gemeinsame Ebene finden und den Beitrag jedes Einzelnen zum Gesamten anerkennen.

➤ Selbstverständliche Akzeptanz ist Teil Ihrer Persönlichkeit. Sie diskutieren nicht über die Vorteile und Hinderungsgründe für die Integration eines Menschen. Wenn jemand da ist, sollte er willkommen geheißen und in die Gruppe eingeführt werden. Helfen Sie auch anderen, mehr als nur die Oberfläche zu sehen, und bitten Sie sie, sich in andere hineinzuversetzen. Jedem wird bewusst sein, dass Sie Respekt verdienen, wenn er sieht, wie viel Respekt Sie anderen entgegenbringen.

Zeigen Sie Mitgefühl

➤ Jeder braucht eine integrative Person als Freund. Sie sorgen dafür, dass Menschen sich willkommen fühlen, und machen sie sofort zu einem Teil von etwas Größerem. Sie gehen auf andere zu und laden sie ein mitzumachen, wenn sie sich wie Außenseiter fühlen. Zögern Sie niemals, andere zur Teilnahme aufzufordern, auch wenn Sie zurückgewiesen werden. Sie sollten wissen, dass Sie immer das Richtige tun.

➤ Kümmern Sie sich um die Neuen in Ihrem Unternehmen. Seien Sie ein erster Freund. Lernen Sie ihre Namen kennen und stellen Sie sie anderen vor, damit sie Anknüpfungspunkte untereinander finden. Auf diese Weise werden Sie viele beste Freunde finden. Es ist schwer, denjenigen zu vergessen, der einem als Erster das Gefühl gab dazuzugehören, als man sich selbst noch unsicher fühlte.

Vermitteln Sie Stabilität

➤ Stabilität wird dadurch gefördert, dass niemand das Gefühl hat, ausgeschlossen zu werden. Wenn Sie gleichbleibend integrativ und offen für eine große Bandbreite von Personen sind, geben Sie diesen die Gewissheit, jederzeit willkommen zu sein. Das schafft Sicherheit.

➤ Ihre Überzeugung, dass immer »genug Platz für alle« vorhanden ist, führt zur Einbeziehung statt zu Konkurrenzdenken, wenn jemand Neues ins Team kommt. Wenn die anderen sehen, dass sich der Kreis zum Nutzen aller erweitert, grenzen sie sich nicht ab, sondern sind sich gewiss, dass sie ihren Platz in der Gruppe haben. Vergrößern Sie dieses Selbstvertrauen noch, indem Sie sie darum bitten, einen Teil der Einführung für die Neuzugänge zu übernehmen.

Erwecken Sie Hoffnung

➤ Werden Sie zum »Integrationscoach«. Präsentieren Sie Ihre Ideen, wie man Menschen willkommen heißen kann. Vielleicht braucht jemand einen sanften Anstoß, um über seinen Schatten zu springen und den ersten Schritt zu machen, einen anderen in den inneren Kreis einzubeziehen. Wenn Sie diesen Anstoß liefern, geben Sie zwei Menschen etwas mehr Gelegenheit zu zukünftigem Wachstum.

➤ Denken Sie daran, dass die Menschen über Ihre Person miteinander verknüpft sind. Sie leiten Informationen weiter; Sie können mit allen Personen in einem Team Verbindung aufnehmen und dafür sorgen, dass sie ebenfalls effektiv miteinander verbunden bleiben. Beobachten Sie, wie das von Ihnen geschaffene Netzwerk täglich wächst.

Führen von Menschen mit starkem Integrationsbestreben

➤ Diese Person ist daran interessiert, dass jeder sich als Teil des Teams fühlt. Bitten Sie sie, ein Einführungsprogramm für neue Mitarbeiter auszuarbeiten. Sie wird sich mit Begeisterung Möglichkeiten ausdenken, um neue Kollegen willkommen zu heißen.

➤ Das Integrationsbestreben dieser Person können Sie nutzen, indem Sie es auf Ihre Kunden richten. An der richtigen Stelle eingesetzt, kann sie sich als sehr effektiv beim Beseitigen aller Hindernisse zwischen Kunden und Unternehmen erweisen.

➤ Da diese Person vermutlich wenig Gefallen an elitären Produkten oder Dienstleistungen für ausgewählte Kundengruppen findet, lassen Sie sie besser an Produkten oder Dienstleistungen für die breite Masse arbeiten. Sie wird gern Maßnahmen planen, um dafür ein weit gefächertes Netzwerk zu knüpfen.

➤ In bestimmten Situationen bietet es sich an, diese Person als Verbindungsglied zu öffentlichen sozialen Einrichtungen einzusetzen.

Führen mit Einzelwahrnehmung (Individualization)

Menschen mit ausgeprägter Einzelwahrnehmung sind fasziniert von den unverwechselbaren Fähigkeiten jedes Einzelnen. Es gelingt ihnen besonders gut, unterschiedliche Menschen produktiv zusammenarbeiten zu lassen.

Bauen Sie Vertrauen auf

➤ Manchmal wissen Sie mehr, als Sie wissen sollten. Achten Sie auf strikte Vertraulichkeit, und teilen Sie Ihre Erkenntnisse nur unter vier Augen mit. Ihr Gegenüber sollte selbst entscheiden, ob Sie diese Einsichten mit anderen besprechen.

➤ Man vertraut auf Ihren Instinkt bezüglich der einzigartigen Fähigkeiten von Menschen. Bauen Sie dieses Vertrauen auf, indem Sie sich möglichst stark auf das Positive konzentrieren, wenn man Sie bittet, Ihren Eindruck von jemandem zu schildern.

➤ Stehen Sie zu Ihrer Neigung, jeden Menschen individuell entsprechend seiner Bedürfnisse, Stärken und persönlichen Ausrichtung zu behandeln. Viele betrachten das als »Bevorzugung« und misstrauen Ihnen. Seien Sie darauf vorbereitet, Ihre Einzelwahrnehmung aus leistungsorientierter sowie aus humaner Perspektive zu verteidigen. Das schafft Vertrauen in Ihre Entschlüsse.

Zeigen Sie Mitgefühl

➤ Oft überraschen Sie mit Ihren tiefgehenden Einsichten, besonders wenn Sie jemanden erst kurze Zeit kennen. Die Frage »Woher wissen Sie das denn?« haben Sie bestimmt schon oft gehört. Im Verlauf einer Beziehung mit Ihnen werden andere Menschen mehr über Ihre Gedanken und Erkenntnisse hören wollen, die

Sie in Bezug auf deren Handlungen, Motivationen und Stärken haben. Sie dienen diesen Menschen als Spiegelbild und bieten eine wertvolle Perspektive. Bitten Sie sie, mehr über sich selbst zu erzählen, und überprüfen Sie Ihre Erkenntnisse. Akzeptieren und bestätigen Sie, was man Ihnen erzählt.

> Sie haben die Gabe des Schenkens. Sie können das richtige Geschenk für jemanden auswählen, selbst wenn Sie ihn nicht besonders gut kennen. Eine Kleinigkeit, überreicht zu einem unerwarteten Zeitpunkt, kann dem schnellen Beziehungsaufbau dienen. Gehen Sie ruhig diesen Schritt, und genießen Sie die Überraschung und Freude des anderen. Wer kann einem sorgfältig ausgewählten kleinen Geschenk schon widerstehen? Machen Sie anderen Menschen mit kleinen Überraschungen eine Freude.

Vermitteln Sie Stabilität

> Ihre Aufmerksamkeit ist unabdinglich für das Vermitteln von Stabilität. Sie sind sensibel für die Wünsche und Bedürfnisse anderer, deshalb ist es Ihnen möglich, andere an der richtigen Stelle einzusetzen. Das Vertrauen dieser Menschen wächst, wenn man sie darum bittet, das zu tun, was sie am besten können.

> »Alle Pauschalisierungen sind falsch, einschließlich dieser« ist ein Satz, der Ihnen gefallen dürfte. Man weiß, dass Sie sich der besonderen Umstände jedes Einzelnen bewusst sind, deshalb fühlt man sich von Ihnen verstanden und beschützt. Machen Sie deutlich, dass Sie ungeachtet der Regeln oder gängiger Meinungen die ganz speziellen Talente und Bedürfnisse anderer Menschen berücksichtigen, wenn Sie darüber entscheiden, für welche Gelegenheiten sie diese Talente einsetzen könnten.

Erwecken Sie Hoffnung

> Manchmal können Sie die Menschen besser durchschauen als diese sich selbst. Verwenden Sie Ihr Talent, um deren wieder-

kehrende Verhaltensmuster zu erkennen und ihnen dadurch neue Einsichten zu ermöglichen. Sie können ihnen behilflich sein, wenig genutzte Talente zu entfalten oder Sackgassen zu vermeiden, in die manche immer wieder geraten. Geben Sie ihnen auf eine freundliche Art und Weise Feedback, um ihnen zu helfen, ihre Träume und Ziele an die Realität anzupassen.

➤ Ihnen ist instinktiv bewusst, dass Menschen dann am produktivsten sind, wenn ihre Arbeitsumgebung zu ihren Stärken passt. Führen Sie wo immer möglich eine Unternehmenspolitik ein, die Ihren Mitarbeitern einen eigenen Arbeitsstil erlaubt – eine Politik, die den Menschen einen Ausdruck ihrer Individualität durch Kleidungsstil, Büroausstattung und Arbeitszeiten ermöglicht. Solche Grundsätze motivieren und inspirieren Ihre Mitarbeiter und lassen sie zu Höchstform auflaufen.

➤ Sie bewegen sich mühelos durch eine große Bandbreite von Stilrichtungen und Kulturen, wobei Sie die Wechselwirkungen ganz intuitiv personalisieren. Nutzen Sie dieses Talent bewusst und aktiv, indem Sie zur Förderung von Vielfalt und Gemeinschaft in Ihrem Unternehmen anregen.

Führen von Menschen mit starker Einzelwahrnehmung

➤ Bitten Sie diese Person um Mitarbeit in Ihrem Auswahlkomitee. Sie wird die Stärken und Schwächen jedes einzelnen Kandidaten sehr gut beurteilen können. Mit ihrer Einzelwahrnehmung findet sie die richtigen Personen für die richtigen Positionen und hilft dadurch, die Unternehmensproduktivität zu verbessern.

➤ Lassen Sie diese Person gegebenenfalls bei der Entwicklung eines Programms zur leistungsgerechten Bezahlung mitarbeiten, bei dem alle Mitarbeiter ihre Stärken einsetzen können, um ihren Lohn zu verbessern.

➤ Fragen Sie diese Person, ob sie gern eine interne Schulung leiten oder als Mentor für Neueinstellungen fungieren möchte. Sie wird vermutlich über die Begabung verfügen, zu erkennen auf welche Art die einzelnen Teilnehmer am besten lernen können.

> Betrachten Sie die übrigen dominanten Talentthemen dieser Person. Wenn sie auch ein starker Entwickler und Arrangeur ist, hat sie möglicherweise das Potenzial zum Abteilungs- oder Gruppenleiter. Liegen ihre Talente eher in den Bereichen Autorität und Kontaktfreudigkeit, ist sie wahrscheinlich sehr gut in der Kundenakquise.

Führen als Ideensammler (Input)

Ideensammler streben immer nach mehr Wissen. Oft sammeln und archivieren sie alle Arten von Informationen.

Bauen Sie Vertrauen auf

➤ Sie können zu einer vertrauenswürdigen Autorität werden, wenn Sie dafür sorgen, dass die von Ihnen verbreiteten Informationen ebenso aktuell wie exakt sind. Prüfen Sie zur Sicherheit verschiedene Quellen, und helfen Sie anderen, zwischen Tatsachen und Meinungen zu unterscheiden.

➤ Sie verdienen Respekt dafür, dass Sie Ihre Hausaufgaben machen und andere mit den Informationen versorgen, die sie für ihren Erfolg benötigen. Wenn andere Menschen sehen, dass Sie sich die Zeit für eine gründliche Recherche genommen haben und die Verantwortung dafür übernehmen, können sie gar nicht anders, als Ihr Streben, gute Arbeit zu leisten anzuerkennen und Ihren umfassenden Ergebnissen zu vertrauen.

Zeigen Sie Mitgefühl

➤ Man schätzt Sie als Führungskraft, weil Sie einfallsreich sind und stets die aktuellsten Entwicklungen und Informationen kennen. Lassen Sie andere wissen, dass Sie ihre Fragen gern beantworten und die Themen, die ihnen am Herzen liegen, erforschen. Nutzen Sie Ihr Talent der Ideensammlung, um Verbindungen zu schaffen, und präsentieren Sie sich als jemand, auf dessen Hilfe man sich verlassen kann.

➤ Wenn Sie auf einen Gleichgesinnten treffen, denken Sie nicht nur an die Gelegenheit zum Lernen, sondern auch an die Möglichkeit, eine Beziehung aufzubauen. Könnte dies der Beginn einer Freundschaft sein? Sobald sich die Gelegenheit zum Vertiefen Ihres gemeinsamen Interesses ergibt, laden Sie diese Person beispielsweise zu einer Ausstellung oder einem Vortrag ein. Nutzen Sie Ihr Talent als Ideensammler auch zum Ausbau einer solchen Beziehung, und gehen Sie über die erste Einladung hinaus.

Vermitteln Sie Stabilität

➤ Ihr Wissensschatz kann die Grundlage für Stabilität sein. Wenn man weiß, dass Sie ein gegebenes Thema mit der Ihnen eigenen Gründlichkeit und Sorgfalt erforscht haben, vertraut man darauf, dass Ihre Entscheidungen Hand und Fuß haben. Informieren Sie die Mitarbeiter und Kollegen über die Tiefe Ihrer Recherchen.

➤ Sie sammeln nicht nur Informationen, sondern bewahren diese auch auf für spätere Situationen, in denen sie sich als nützlich erweisen könnten. Indem Sie die Absicherung und Dokumentation für Maßnahmen bieten, die einigen riskant erscheinen, geben Sie ihnen die Gewissheit, auf dem richtigen Weg zu sein.

Erwecken Sie Hoffnung

➤ Ihr Verstand ist wie ein Schwamm – Sie saugen Informationen regelrecht auf. Aber genau wie ein Schwamm nicht in erster Linie dazu gedacht ist, das Aufgenommene festzuhalten, sollten auch Sie nicht lediglich Informationen einlagern. Input ohne Output führt zu Stagnation. Wenn Sie also Informationen zusammentragen und aufnehmen, denken Sie immer daran, dass Personen und Gruppen von Ihrem Wissen profitieren könnten, und legen Sie Wert darauf, es mit anderen zu teilen.

➤ Beschäftigen Sie sich mit den schriftlichen Gedanken und Ideen anderer Menschen. Führen Sie dann ernsthafte Diskussionen darüber. Durch diesen Prozess werden Sie zu einem Lernenden, der gleichzeitig Lehrender ist.

Führen von Ideensammlern

➤ Begegnen Sie der natürlichen Wissbegierde dieser Person, indem Sie sie bitten, ein unternehmensrelevantes Thema zu studieren. Oder geben Sie ihr eine Position mit einem hohen Anteil an Recherchearbeit. Sie genießt das Wissen, das durch Recherche angesammelt wird.

➤ Beachten Sie die übrigen Talentthemen dieser Person. Wenn sie stark in der Entwicklung ist, könnte sie als Lehrer oder Dozent brillieren, der seine Unterrichtsstunden mit überraschenden Fakten und Geschichten lebendig gestaltet.

➤ Helfen Sie dieser Person bei der Entwicklung eines Systems zum Archivieren der gesammelten Informationen. Ein solches System stellt sicher, dass man die jeweiligen Informationen auch wiederfindet, wenn man sie benötigt.

Führen mit Intellekt
(Intellection)

Menschen mit hohem Intellekt zeichnen sich durch ihre geistige Aktivität aus. Sie sind eher introspektiv und schätzen intellektuelle Diskussionen.

Bauen Sie Vertrauen auf

➤ Wenn Sie die Gedanken anderer Menschen sorgfältig analysieren und ihnen dann respektvoll Ihre ehrliche Meinung sagen, können Sie ihnen bei der Vermeidung von Fallgruben und Fehlern helfen. Sie werden Ihre aufrichtige Bereitschaft, ihnen bei ihrem Erfolg behilflich zu sein, zu schätzen wissen und sich in dieser Hinsicht Ihnen gern anvertrauen.

➤ Ihre hohe geistige Kapazität bietet einigen Menschen Anlass, Sie zu respektieren und zu bewundern. Erweisen Sie sich dessen würdig, und denken Sie daran, dass Denken ohne Handeln meist nicht besonders hilfreich ist. Verwenden Sie Ihre Gabe des Intellekts, um sich abzuheben, und Sie werden sich den Respekt der anderen verdienen.

Zeigen Sie Mitgefühl

➤ Mit anderen über intellektuelle und philosophische Fragen zu diskutieren ist Ihre Methode, den Dingen einen Sinn zu verleihen. Es ist auch Ihre Methode, Beziehungen zu knüpfen. Richten Sie Ihre provokativen Fragen an Menschen, die das Geben und Nehmen einer Diskussion ähnlich genießen wie Sie. Diese Menschen werden Sie als einen Freund und Kollegen schätzen, der Ihr Denken schärft – und mit dem sie immer wieder gern ihre Zeit verbringen möchten.

➤ Einige Leute möchten, dass Sie *mit* ihnen denken, andere dagegen erwarten, dass Sie *für* sie denken. Mit manchen Personen können Sie Beziehungen aufbauen, weil Sie die Dinge aus einem völlig anderen Blickwinkel betrachten als sie. Für zielstrebige, handlungsorientierte Menschen können Sie der denkende Partner sein, der ihr Streben nach Erfolg vervollkommnet. Zeigen Sie ihnen ihr echtes Interesse, indem Sie ihnen Ihre Gedanken mitteilen.

Vermitteln Sie Stabilität

➤ Denken Sie daran, sich gelegentlich rückzuversichern, dass andere Ihren Gedanken folgen können. Sie sind vielleicht noch nicht bereit für die Schlussfolgerung, ehe sie nicht den ganzen Weg gegangen sind. Sprechen Sie darüber, was genau Ihre geistigen Schritte waren, um zu Ihren gegenwärtigen Schlüssen zu gelangen. So können Sie vermeiden, dass jemand das Gefühl bekommt, dass Ihren Gedanken eine Grundlage fehlt.

➤ Machen Sie anderen Ihr Bedürfnis begreiflich, sich auch einmal zurückzuziehen und sich den Freiraum zum Denken zu nehmen. Lassen Sie sie wissen, dass dies lediglich Ausdruck Ihres intellektuellen Stils ist und aus dem Wunsch erwächst, einen bestmöglichen Beitrag zu den Beziehungen und den geschäftlichen Angelegenheiten zu leisten. Die Tatsache, dass Sie eingehend darüber nachdenken können, was für sie und das Unternehmen am besten ist, kann sehr tröstlich sein.

Erwecken Sie Hoffnung

➤ Regen Sie andere dazu an, ihre volle geistige Leistungsfähigkeit auszunutzen, indem Sie spezielle Fragen für sie formulieren und sie aktiv am Dialog beteiligen. Gleichzeitig sollte Ihnen bewusst sein, dass manch einer sich davon einschüchtern lässt und Zeit zum Nachdenken braucht, um nicht in Verlegenheit gebracht zu werden. Unterstützen Sie jeden darin, seinen Intellekt auf die für ihn bestmögliche Weise einzusetzen. Dann regen Sie ihn an, diese Denkweise auch zum Träumen und Nachsinnen über die Zukunft anzuwenden.

➤ Man fragt Sie nach Ihrer Meinung, weil man die kluge Gründlichkeit schätzt, mit der Sie Ideen und Bemühungen hinterfragen. Bedenken Sie, dass Sie am meisten leisten können, wenn Sie die Zeit haben, einen Gedanken zu Ende zu denken und zu sehen, wohin er führt. Engagieren Sie sich in den Anfangsstadien von Projekten und Ideen, damit Ihre Denkweise größeren Einfluss auf die langfristigen Ergebnisse haben kann.

Führen von Menschen mit hohem Intellekt

➤ Ermuntern Sie diese Person, sich längere Phasen des Nachdenkens zu gönnen. Für manche Leute ist reine Denkzeit nicht produktiv, aber für diesen Menschen ist sie das ganz sicher. Sie ermöglicht ihm, eine solche ruhige Phase der Reflexion mit größerer Klarheit und mehr Selbstvertrauen abzuschließen.

➤ Diskutieren Sie mit dieser Person eingehend ihre Stärken. Die Innenschau und Selbsterkenntnis werden ihr gefallen.

➤ Geben Sie dieser Person die Möglichkeit, ihre Ansichten den Kollegen in der Abteilung mitzuteilen. Eine solche Aufforderung, ihre Ideen zu kommunizieren, zwingt sie, ihre Gedanken zu verfeinern und zu konkretisieren.

➤ Lassen Sie diese Person mit jemandem zusammenarbeiten, der über ausgeprägte Tatkraft verfügt. Ein solcher Partner wird sie dazu bringen, ihre Gedanken und Ideen in Handlung umzusetzen.

Führen mit Wissbegierde
(Learner)

Menschen mit großer Wissbegierde haben ein starkes Verlangen zu lernen und möchten sich kontinuierlich verbessern. Sie reizt eher der Prozess des Lernens als das Lernergebnis.

Bauen Sie Vertrauen auf

➤ Seien Sie ehrlich genug, um zuzugeben, dass Sie immer noch lernen. Offenheit und Verletzbarkeit bezüglich Ihres Lernvorgangs stellt Sie mit anderen auf eine Ebene und impliziert eine gegenseitige, keine einseitige Erwartung.

➤ Respektieren Sie ein Ausmaß an Wissen, das Ihres übersteigt. Manche Führungskräfte wollen Ihren Mitarbeitern in allen Bereichen voraus sein. Das ist unrealistisch und unproduktiv; es verhindert den Fortschritt. Zeigen Sie Ihren Respekt durch Ihr Interesse und Ihre Wertschätzung dessen, was andere wissen und können. Hören Sie ihnen zu, und vertrauen Sie auf ihre Kenntnisse in diesem Bereich.

Zeigen Sie Mitgefühl

➤ Gemeinsames Lernen bewirkt gegenseitige Verletzbarkeit und enthüllt Wissenslücken. Wenn Sie sich zum Lernen entschließen, überlegen Sie immer, wen Sie noch dazu auffordern könnten. Das Interesse, das Sie beweisen, indem Sie jemanden zum gemeinschaftlichen Lernen anregen, schafft eine gemeinsame Erinnerung und eine Gelegenheit zum Beisammensein, die Bindung erzeugt.

➤ Würdigen und loben Sie die Lernbemühungen anderer, sei es der Abschluss eines Projekts, eine Zertifizierung oder die Verbesserung eines Ergebnisberichts. Lassen Sie andere wissen, dass Sie deren harte Arbeit und deren Bemühungen mit dem Ziel der persönlichen Weiterentwicklung nachvollziehen können. Unterstreichen Sie, dass das Ergebnis Sie freut, dass Sie aber auch die Leistungen auf dem Weg dorthin anerkennen. Bestätigen Sie, dass das Lernen wertvoll ist, ebenso wie der Lernende selbst.

Vermitteln Sie Stabilität

➤ Wenn Sie in das Wachstum einer anderen Person investieren, sagen Sie: »Sie sind von Bedeutung. Sie haben bei uns langfristig eine Verantwortung. Sie sind es wert, dass ich in Sie investiere.« Dadurch zeigen Sie dem anderen, dass Sie eine nachhaltige, keine vorübergehende Beziehung zu ihm erwarten. Bestätigen Sie dieses Gefühl, indem Sie es aussprechen. Sagen Sie den Menschen, dass Sie sich langfristig an sie binden.

➤ Lernen braucht seine Zeit. Ihre Geduld mit Lernenden zeigt ihnen, dass sie an ihren Wert glauben und hinter ihnen stehen, während sie sich weiterentwickeln.

Erwecken Sie Hoffnung

➤ Sie sollten erkennen, dass Ihre Begeisterung für das Lernen möglicherweise von vielen Mitarbeitern Ihres Unternehmens geteilt wird. Wecken Sie diese Leidenschaft durch ein fortlaufendes unternehmensweites Schulungsprogramm.

➤ Forschung bildet das Bindeglied zwischen Lernen und Leistung. Menschen, die die Möglichkeit haben, zu lernen und sich weiterzubilden, sind engagierter, produktiver und loyaler. Suchen Sie nach neuen Messgrößen, um festzustellen, ob das Lernbedürfnis der Leute erfüllt wird, um persönliche Meilensteine des Lernens zu schaffen und um Lernerfolge zu belohnen. Solche Belohnungen und das Anerkennen eines messbaren Fortschritts können Anregungen dazu sein, sich noch höhere Lernziele zu stecken.

Führen von Menschen mit großer Wissbegierde

➤ Setzen Sie diese Person an eine Position, die es erfordert, in einem sich schnell ändernden Umfeld mitzuhalten. Die Herausforderung, ihre Kompetenz aufrechtzuerhalten, wird ihr gefallen.

➤ Unabhängig von ihrer Position ist diese Person daran interessiert, sich neue Fakten, Qualifikationen oder Kenntnisse anzueignen. Suchen Sie nach innovativen Möglichkeiten, damit sie lernen kann und motiviert bleibt, sonst könnte sie sich nach einer lohnenderen Lernumgebung umsehen. Wenn sie beispielsweise nicht genügend Gelegenheiten hat, in ihrem Beruf dazuzulernen, ermuntern Sie sie, eine Weiterbildung zu starten. Denken Sie daran, es geht nicht um einen Abschluss, sondern nur um das Lernen an sich. Es ist der Vorgang des Lernens, nicht unbedingt das Ergebnis, das diese Person beflügelt.

➤ Regen Sie die Person an, auf ihrem Fachgebiet die Meisterprüfung abzulegen oder zum unternehmensinternen Spezialisten zu werden. Sorgen Sie dafür, dass sie die dazu notwendigen Lehrgänge macht. Falls nötig, bieten Sie finanzielle Unterstützung an, um die Ausbildung fortzusetzen. Achten Sie darauf, die Lernbemühungen anzuerkennen.

➤ Lassen Sie diese Person mit einem Experten zusammenarbeiten, der sie ständig zum Weiterlernen motiviert.

➤ Bitten Sie diese Person, interne Diskussionsgruppen oder Präsentationen durchzuführen. Es gibt vielleicht keine bessere Methode, um das Unterrichten zu lernen.

Führen mit Höchstleistung
(Maximizer)

Menschen mit dem Talentthema Höchstleistung konzentrieren sich auf vorhandene Stärken, um Spitzenleistungen zu erzielen, persönlich wie auch im Team. Sie versuchen, etwas Gutes in etwas Hervorragendes zu verwandeln.

Bauen Sie Vertrauen auf

➤ Gestehen Sie sich ein, dass Sie manche Dinge gut und andere nicht so gut können. Lassen Sie auch andere Personen zugeben, dass sie in bestimmten Bereichen immer wieder an ihre Grenzen stoßen. Offenheit genügt, um auch anderen zu ermöglichen, auf ehrliche Weise sie selbst zu sein.

➤ Man muss Ihre Botschaft mehr als einmal hören, um zu glauben, dass Sie von anderen tatsächlich dort Spitzenleistungen erwarten, wo sie bereits hervorstechen, und auch dass sie Dinge vermeiden, in denen sie schwach sind. Wiederholen Sie diese Botschaft, damit sie gehört, verstanden und verinnerlicht wird. Manch einer braucht die Gewissheit, dass Sie ihn nicht später mit Vorhaltungen überraschen, wo er Schwäche gezeigt oder versagt hat. Richten Sie Ihr Augenmerk kontinuierlich auf die herausragenden Leistungen anderer, bis diese Ihnen wirklich vertrauen, dass dies immer Ihr Schwerpunkt sein wird.

Zeigen Sie Mitgefühl

➤ Verwenden Sie Ihr Talent zur Höchstleistung, um andere zu befreien. Allzu oft denken die Menschen, sie müssten ein Hansdampf in allen Gassen sein, ein Einserkandidat oder ein angepasster Spießbürger, um den Erwartungen zu entsprechen. Stellen Sie klar, dass Sie die einzigartigen Begabungen der Mitarbeiter schätzen, ihre persönlichen Höchstleistungen. Sie erwarten nicht alles von allen – Sie erwarten nur, dass sie mehr aus dem machen, was sie bereits sind. Vielleicht sind Sie in deren Leben der Einzige, der ihre Begabungen und Talente auf diese Weise betrachtet.

➤ Manche Menschen erkennen ihre eigenen Talentbereiche nicht. Sie können derjenige sein, der ihnen die Augen öffnet. Unterstreichen Sie die Spitzenleistungen, die Sie bei anderen beobachten. Sagen Sie ihnen, dass Sie Bereiche erkennen, in denen sie wirklich begabt sind. Manchmal beschränken wir das Erkennen von »Talent« auf die offensichtlichen Gebiete wie Sport oder Musik. Erweitern Sie das Verständnis anderer von Begabung. Sagen Sie ihnen, wenn sie begabte Freunde, begabte Organisatoren oder begabte Gastgeber sind. Erweitern Sie das Selbstbild dieser Menschen. Sie können ihr Leben verändern und zu ihrem persönlichen Fürsprecher werden.

Vermitteln Sie Stabilität

➤ Die sicherste Methode, anderen Menschen die Sicherheit zu rauben, ist es, sie immer wieder um etwas zu bitten, in dem sie nicht ausreichend begabt sind. Lassen Sie es stattdessen andere tun und achten Sie darauf, auf dem aufzubauen, was diese wiederum am besten können. Und Sie können zusehen, wie ihr Selbstbewusstsein wächst.

➤ Unterstützen Sie andere auf den Gebieten, auf denen sie keine Bestleistungen erbringen. Stärken Sie ihr Selbstvertrauen, indem Sie ihnen bei der Suche nach ergänzenden Partnern oder Systemen helfen, die sie vor dem Scheitern bewahren.

Erwecken Sie Hoffnung

➤ Lassen Sie Ihr Talent Höchstleistung nicht von der Binsenweisheit dämpfen, dass man nur das reparieren soll, was kaputt ist.

Identifizieren Sie diejenigen Aspekte bei Menschen und Organisationen, die gut funktionieren, und investieren Sie darin. Sorgen Sie dafür, dass der größte Teil Ihrer Ressourcen für den Aufbau und die Förderung solcher Leistungsspitzen verwendet wird.

➤ Erklären Sie das Höchstleistungskonzept jenen, die vielleicht noch nie in Betracht gezogen haben, nur das fortzusetzen, was sie gut können. Betonen Sie die Vorteile eines Lebens nach diesen Grundsätzen: Es ist produktiver, von den Begabungen zu profitieren, mit denen man von Natur aus gesegnet ist. Das stellt höhere Anforderungen, nicht niedrigere. Es ist der effektivste und effizienteste Einsatz von Energie und Ressourcen. Und es macht mehr Spaß.

➤ Sie haben wahrscheinlich nicht die Gelegenheit, alles zu beobachten, was die Menschen außergewöhnlich gut können. Deshalb sollten Sie andere auffordern, die Hüter und Wächter ihrer eigenen Talente zu sein. Bitten Sie sie, ihre Erfolge zu erforschen: Was ist ihnen in erfolgreichen Situationen am besten gelungen? Wie können sie davon mehr erbringen? Regen Sie sie zum Träumen an. Sagen Sie ihnen, dass sie für derartige Diskussionen gern auf Sie zurückgreifen können – das ist eine der größten Freuden für sie. Übertragen Sie ihnen die Verantwortung für ihre eigenen Begabungen, und unterstützen Sie sie bei dieser Verantwortung.

➤ Als Führungskraft sind Sie dafür verantwortlich, das Beste aus den Ressourcen Ihres Unternehmens zu machen – und Talent ist die größte Ressource jedes Unternehmens. Sie erkennen das Talent bei anderen. Nutzen Sie Ihre Autorität, damit Ihre Mitarbeiter ihre eigenen Talente entdecken und diese optimieren, indem Sie jeden dort einsetzen, wo er seine Stärken am besten weiterentwickeln und anwenden kann. Für jede Anforderung gibt es einen Menschen mit der entsprechenden Begabung. Nehmen Sie Personaleinstellungen und -auswahl sorgfältig vor, und Ihr Unternehmen wird überall die Möglichkeit zur Höchstleistung bieten.

Führen von Menschen mit dem Talent Höchstleistung

➤ Planen Sie Zeit ein, um mit dieser Person detailliert ihre Stärken zu erörtern und zu planen, wie und wo diese Stärken zum Wohl des Unternehmens eingesetzt werden können. Sie wird diese Gespräche genießen und zahlreiche praktische Vorschläge machen, wie ihr Talent am besten zur Entfaltung gebracht werden kann.

➤ Helfen Sie dieser Person so gut wie möglich, einen Karriere- und Vergütungsplan zu entwerfen, der ihr innerhalb ihrer Position ermöglicht, ihre Leistung zu maximieren. Sie wird instinktiv den Weg ihrer Stärken verfolgen und vermutlich auch einmal eine Laufbahn ablehnen, die sie zwingen würde, von diesem Weg abzuweichen – auch wenn es zugunsten eines höheren Einkommens wäre.

➤ Bitten Sie diese Person, eine Projektgruppe zu leiten, die Best-Practice-Beispiele in Ihrem Unternehmen untersucht. Fragen Sie sie außerdem, ob sie bei der Entwicklung eines Programms zur Messung und Anerkennung der Produktivität jedes einzelnen Mitarbeiters mitarbeiten möchte. Es wird ihr Freude machen, darüber nachzudenken, wie Höchstleistungen im Gesamtunternehmen ebenso wie in jeder einzelnen Position auszusehen haben.

Führen mit positiver Einstellung (Posivitiy)

Menschen mit einer starken positiven Einstellung können andere »anstecken«. Sie sind optimistisch und begeistern andere für ihre Pläne.

Bauen Sie Vertrauen auf

➤ Manche Menschen sind so daran gewohnt, nur das Negative zu betrachten, dass Ihre anhaltend positiven Bemerkungen sie zunächst einmal misstrauisch machen. Streuen Sie diese Bemerkungen weiterhin ein, und lassen Sie die anderen allmählich das Vertrauen entwickeln, dass Sie von diesem optimistischen Überschwang getragen werden – in Ihrem eigenen Leben ebenso wie in Bezug auf andere.

➤ Stellen Sie sicher, dass Ihr Lob immer von Herzen kommt und niemals hohl oder vorgetäuscht ist. Forschungen haben erwiesen, dass unaufrichtiges Lob mehr Schaden anrichtet als es Kritik vermag. Wenn Sie an etwas glauben, dann sagen Sie es. Wenn nicht, zeigen Sie Respekt für die Intelligenz und das Urteilsvermögen anderer, und widerstehen Sie der Versuchung eines heuchlerischen Schmeichelns.

Zeigen Sie Mitgefühl

➤ Aufgrund Ihres Enthusiasmus sind Sie von Natur aus großzügig mit Lob. Sie können gar nicht großzügig genug sein – nur sehr wenige Menschen leiden unter einem Übermaß an Anerkennung. Loben Sie freigiebig. Loben Sie spezifisch. Loben Sie persönlich. Verbreiten Sie positive Gefühle und echte Wertschätzung für andere. Machen Sie jede Begegnung mit Ihnen zu etwas, worauf man sich freut.

➤ In schwierigen Zeiten sind Sie für den einen oder anderen womöglich der einzige Lichtblick – ein Leuchtfeuer in der Nacht. Unterschätzen Sie diese Rolle nicht. Man kommt auf Sie zu, weil man den Auftrieb braucht, den Sie fortwährend geben. Lassen Sie andere wissen, dass sie es schaffen können. Fragen Sie sie, was sie dazu noch benötigen. Das wird sie ermutigen.

➤ Erweisen Sie sich als ein Mensch, der jederzeit gut gelaunt ist und Mut macht. Aufgrund Ihrer Perspektive sind Sie niemals ablehnend und kaltherzig oder sarkastisch. Ihre positive Einstellung überträgt sich auch auf andere, und Sie beeinflussen die gesamte Atmosphäre in Ihrem Umfeld.

Vermitteln Sie Stabilität

➤ Sie haben die natürliche Begabung, das Selbstbewusstsein anderer zu steigern. Suchen Sie nach den Gelegenheiten, wo andere etwas richtig oder das Richtige tun. Bestätigen Sie sie dabei. Sehen Sie zu, wie sie infolge Ihres Lobs stärker und selbstsicherer werden.

➤ Ihr Optimismus erlaubt es Ihnen, auch mit Lösungen zu leben, die alles andere als perfekt sind. Infolgedessen ermuntern Sie andere eher zum Fortschritt als zum Beharren auf Perfektion. Suchen und beschreiben Sie anderen weiterhin das Potenzial, das auch in vielleicht nicht ganz idealen Situationen liegt. Dadurch machen Sie Menschen Mut, auch Risiken einzugehen, um eine Situation zu verbessern, selbst wenn sie nicht über die komplette Lösung verfügen.

Erwecken Sie Hoffnung

➤ Führen Sie ein »Schauspiel des Augenblicks« für Ihre Mitarbeiter auf. Jeder verdient 15 Minuten des Ruhms und Sie sind vielleicht derjenige, der die Bühne für die anderen bereiten kann. Helfen Sie dabei, jedem seine eigenen 15 Minuten zu ermöglichen, in denen er im Mittelpunkt steht, damit er bemerkt, dass er bedeutend ist und einen langfristigen Wert hat.

➤ Ihr Optimismus hilft anderen, erwartungsvoll in die Zukunft zu blicken. Sprechen Sie über die Zukunft. Sprechen Sie über die Möglichkeiten. Bitten Sie andere, von den Gelegenheiten und Möglichkeiten zu erzählen, die sie erkennen. Wenn man diese ausspricht, werden sie zu Erwartungen und schließlich zur Realität.

➤ Manchmal sind Gefühle das Ergebnis von Handlungen, manchmal der Grund dafür. Bestehen Sie auf Feiern, wenden Sie die »Therapie des Lachens« an, und bringen Sie Musik und »Spiel« in Ihr Unternehmen ein. Derartige positive Anstöße für den emotionalen Haushalt beeinflussen die Produktivität, die gegenseitige Unterstützung und den Profit.

➤ Wenn Sie positive Umgebungen schaffen, achten Sie darauf, sie auch zu schützen und zu pflegen. Distanzieren Sie sich und andere möglichst von chronischen Jammerlappen, Beschwerdeführern und ewig Unzufriedenen. Weisen Sie Negativität zurück – sie ist genauso ansteckend wie Ihre positive Einstellung. Sie und Ihr Team sollten bewusst Zeit in hochgradig positiven Umfeldern verbringen, die Kraft verleihen und den Optimismus fördern.

Führen von Menschen mit starker positiver Einstellung

➤ Bitten Sie diese Person um Mithilfe bei der Planung von Events, die Ihr Unternehmen für seine besten Kunden veranstaltet, zum Beispiel bei Produktneueinführungen oder Anwenderschulungen.

➤ Der Enthusiasmus dieser Person ist ansteckend. Beachten Sie das, wenn Sie sie in Projektteams einsetzen.

➤ Diese Person feiert gern. Wenn bestimmte Etappenziele der Leistung erzielt wurden, fragen Sie sie nach ihren Ideen, wie man dieses Ereignis gebührend würdigen und feiern könnte. Sie ist kreativer als die meisten anderen.

➤ Beachten Sie auch die anderen Talentthemen dieser Person. Wenn Sie stark in der Entwicklung ist, könnte sie sich als hervorragender Dozent oder Lehrer erweisen, weil sie Schwung in das Klassenzimmer bringt. Ist Autorität eine ihrer Stärken, könnte sie besonders gut im Verkauf sein, denn sie besitzt eine starke Kombination von Selbstsicherheit und Energie.

Führen mit Bindungsfähigkeit (Relator)

Menschen mit starker Bindungsfähigkeit haben gern enge Beziehungen zu anderen. Die intensive Zusammenarbeit mit Freunden zur Erreichung eines Ziels erfüllt sie mit Befriedigung.

Bauen Sie Vertrauen auf

➤ Wichtige Beziehungen schaffen Vertraulichkeiten. Bewahren und erweitern Sie diesen Glauben an Sie, indem Sie die Geheimnisse für sich behalten, die man Ihnen anvertraut hat. Ein einziger Riss kann zum Dammbruch führen.

➤ Sie wissen, dass das Vertiefen einer Freundschaft unabsehbare Risiken birgt, aber damit können Sie besser umgehen als die meisten anderen Menschen. Kommunizieren Sie das. Teilen Sie es anderen mit, und erklären Sie ihnen, dass die Tiefe der Beziehung Vertrauen in Ihnen geweckt hat und Sie sich sicher vor Enthüllungen fühlen.

Zeigen Sie Mitgefühl

➤ Sorgen Sie dafür, genügend Zeit mit den wichtigen Menschen in Ihrem Leben zu verbringen. Stärken Sie Ihre Beziehungen, und bauen Sie emotionale Energie auf, um sie mit anderen zu teilen. Das ist es, was fortdauert. Lassen Sie keine Gelegenheit aus, Ihre Fürsorge zu zeigen.

➤ Als ein Mensch mit starker Bindungsfähigkeit erhalten und geben Sie möglicherweise mehr Liebe und Freundschaft als die meisten anderen. Sagen Sie anderen Menschen, dass Ihre Beziehung zu ihnen Ihr Leben mit Glück erfüllt. Fragen Sie sie, wie Sie ihr Glück vergrößern können. Zeigen Sie, dass Ihnen die Lebensqualität Ihrer Mitmenschen am Herzen liegt, indem Sie mit Mitgefühl, Umsicht und Interesse auf ihr Wohlergehen achten.

Vermitteln Sie Stabilität

➤ Langfristige, enge Beziehungen sind sehr erfüllend für Sie. Sie können in Ihrer Familie, in Ihrem Freundeskreis oder an Ihrem Arbeitsplatz angesiedelt sein. Sagen Sie diesen Menschen, dass Sie erwarten, dass diese Beziehungen lebenslang dauern werden. Formulieren Sie Ihre Erwartung fortgesetzter gegenseitiger Unterstützung, von Verständnis und Stabilität.

➤ Sie fühlen sich wohler in zwanglosen Situationen als in formellen Systemen. Doch häufig erfordern wachsende und komplexer werdende Unternehmen ein formelleres System. Selbst angesichts einer solchen Arbeitsumgebung lassen Sie andere wissen, dass die grundsätzliche Bedeutung von Beziehungen konstant bleibt. Errichten Sie eine familiäre Insel im weiten Meer der Förmlichkeit Ihres Unternehmens.

Erwecken Sie Hoffnung

➤ Sie sind ein Gebender, kein Nehmender. Aber um Ihre Großzügigkeit aufrechterhalten zu können, müssen Sie sicherstellen, dass der Input mit dem raschen Output Schritt halten kann. Finden Sie heraus, welche Menschen und Ereignisse Ihnen wirklich Erfüllung bringen, und planen Sie Zeit dafür ein. Dann können Sie noch mehr Energie an jene weitergeben, die ihre Hoffnungen in Sie setzen.

➤ Sie knüpfen dauerhafte Beziehungen und haben dadurch eine einzigartig tiefe Einsicht in das Leben und die Erfolge anderer Menschen. Helfen Sie ihnen, den Überblick zu bewahren. Zeigen Sie Ihnen auf, was sie bereits erreicht haben und benennen sie ihre Erfolgsmuster. Zeigen Sie ihnen auf möglichst viele verschiedene Arten, dass sie in ihrem Leben bereits etwas bewirkt haben.

Führen von Menschen mit großer Bindungsfähigkeit

➤ Helfen Sie dieser Person, die Ziele ihrer Kollegen zu definieren. Sie wird sich eher mit ihnen verbinden, wenn sie ihre Absichten und Bestrebungen kennt.

➤ Bitten Sie diese Person, echte Beziehungen zu den entscheidenden Kollegen aufzubauen, die Sie gern halten möchten. Dieser Mitarbeiter kann ausschlaggebend für Sie sein, um gute Leute durch Beziehungsaufbau im Unternehmen zu halten.

➤ Achten Sie auf die anderen Talentthemen dieser Person. Wenn Sie weitere Stärken in den Bereichen Fokus, Arrangeur oder Selbstbewusstsein besitzt, hat sie womöglich das Potenzial, andere zu führen. Angestellte arbeiten immer härter für jemanden, von dem sie wissen, dass er für sie da ist und sie erfolgreich sehen will. Diese Person kann solche Beziehungen mühelos aufbauen.

➤ Es ist gut möglich, dass diese Person die Gabe der Großzügigkeit besitzt. Richten Sie Ihre Aufmerksamkeit darauf, und zeigen Sie ihr, wie sie durch ihre Großzügigkeit ihre Mitmenschen beeinflussen und Verbindungen zu ihnen aufbauen kann. Sie wird es zu schätzen wissen, dass Ihnen das auffällt, und das stärkt Ihre eigene Beziehung zu ihr.

Führen mit Verantwortungsgefühl (Responsibility)

Menschen mit großem Verantwortungsgefühl stehen psychologisch dafür ein, dass sie tun, was sie sagen. Sie engagieren sich für feste Werte wie Ehrlichkeit und Loyalität.

Bauen Sie Vertrauen auf

➤ Sie können das moralische Gewissen anderer sein. Wenn eine Person oder ein Unternehmen in etwas verwickelt ist, das nicht ganz korrekt erscheint, klingelt bei diesen Menschen eine Alarmglocke, und sie fühlen sich veranlasst, die Sache zu thematisieren. Gehen Sie als Erstes zur Quelle; stellen Sie Fragen, um die Wahrheit und die Motive herauszufinden. Äußern Sie ehrlich Ihre Bedenken. Wann immer es möglich und moralisch vertretbar ist, geben Sie der Person die Möglichkeit, die Situation selbst zu bereinigen. Falls nötig, machen Sie den nächsten Schritt, um den Fehler zu korrigieren und Ihr Gewissen zu beruhigen.

➤ Es ist wichtig, Menschen mit moralischer Stärke und Integrität wertzuschätzen und anzuerkennen. Sorgen Sie dafür, dass Sie mindestens ebenso häufig – am besten noch häufiger – das Richtige bekräftigen, als dass Sie auf das Falsche hinweisen. Das fällt anderen auf, und sie werden Sie dafür respektieren.

Zeigen Sie Mitgefühl

➤ Sie können einfach nicht anders – Sie fühlen sich verantwortlich, besonders für die Menschen, die Ihnen am nächsten stehen. Führen Sie regelmäßig Gespräche mit ihnen: Wie geht es Ihnen? Was können Sie für sie tun? Zeigen Sie wenn möglich täglich Ihr Mitgefühl, und seien Sie sich bewusst, dass Sie Wärme geben.

➤ Wenn Sie einen Fehler machen, der Auswirkungen auf jemand anderen hat, gehen Sie so schnell wie möglich zu ihm und versuchen Sie, ihn auszubügeln. Natürlich werden Sie sich entschuldigen, aber Sie sollten darüber hinaus auch Wiedergutmachung anstreben. Wenn Sie Ihre Fehler in Beziehungen eingestehen, wird man Ihnen eher vergeben. Die Vertrautheit ist schneller wiederhergestellt.

Vermitteln Sie Stabilität

➤ Ihr Verantwortungsgefühl gibt anderen ein natürliches Empfinden von Sicherheit. Sie wissen, dass man sich auf Sie verlassen kann, wenn es darum geht, Dinge ordentlich und termingerecht zu erledigen. Statt die ganze Verantwortung selbst zu übernehmen, sollten Sie einen Teil davon abgeben, damit jedes Teammitglied zur Stabilität der Gruppe beiträgt.

➤ Sie sind eine Führungskraft, die gern für andere da ist. Der Dienstleistungsgedanke wird oft auf Klienten, Mitglieder und Stammkunden angewendet, aber häufig übersehen, wenn es um die eigenen Mitarbeiter geht. Vermitteln Sie Ihren Mitarbeitern den Wunsch, dass Sie etwas für sie tun wollen und dass Sie versuchen, sie zu unterstützen – und dass dies eine von Ihnen geschätzte Form der Anerkennung ist, wenn Sie um Hilfe gebeten werden.

Erwecken Sie Hoffnung

➤ Es ist für Sie selbstverständlich, bei jedem Projekt, an dem Sie beteiligt sind, die Verantwortung zu übernehmen. Teilen Sie die Zuständigkeit auf, indem Sie andere auffordern, dasselbe zu tun. Seien Sie Vorbild, und führen Sie die Mitarbeiter aktiv an die Erfahrung heran, sich den Herausforderungen der Verantwortung zu stellen. Damit tragen Sie zum Wachstum anderer und deren Entwicklung bei.

➤ Psychologisches Verantwortungsgefühl ist das Ergebnis von Entscheidungen. Statt Zuständigkeiten zu verteilen, rufen Sie zur Übernahme von Verantwortung auf, indem Sie die Leute wählen lassen, mit welchem Beitrag sie sich verpflichten wollen. Lassen Sie sie echtes Verantwortungsgefühl aufbauen, das über das Akzeptieren von Zuteilungen hinausgeht.

Führen von Menschen mit starkem Verantwortungsgefühl

➤ Vermeiden Sie nach Möglichkeit, diese Person Teamsituationen mit desinteressierten Kollegen auszusetzen.

➤ Sie sollten wissen, dass diese Person ein Selbststarter ist und Sie sie nur wenig kontrollieren müssen, um sicherzustellen, dass die Vereinbarungen eingehalten werden.

➤ Setzen Sie diese Person an eine Position, die unantastbare Moral erfordert. Sie wird Sie nicht enttäuschen.

➤ Fragen Sie diese Person regelmäßig, welche neuen Zuständigkeiten sie gern übernehmen würde. Es motiviert sie, sich freiwillig zu melden, also geben Sie ihr die Chance.

➤ Es ist gut möglich, dass diese Person Sie immer wieder beeindruckt, weil sie hält, was sie verspricht, und Sie sich deshalb versucht fühlen, sie ins Management zu befördern. *Seien Sie vorsichtig.* Sie zieht es vielleicht vor, selbst zu arbeiten, statt für die Arbeit anderer verantwortlich zu sein, und in diesem Fall wird sie Menschenführung frustrierend empfinden. Es könnte ratsam sein, innerhalb des Unternehmens andere Wachstumsmöglichkeiten für diesen Mitarbeiter zu suchen.

Führen mit Wiederherstellung
(Restorative)

Menschen mit dem Talentthema Wiederherstellung sind sehr geschickt im Umgang mit Problemen. Es fällt ihnen leicht, die Schwachpunkte zu finden und zu beheben.

Bauen Sie Vertrauen auf

➤ Man vertraut Ihnen, weil Sie den Kreislauf schließen, die Ordnung wiederherstellen und das Durcheinander beseitigen. Sie bauen die Integrität von Systemen wieder auf und sorgen dafür, dass diese zuverlässig funktionieren. Zeigen Sie Ihre Bereitschaft dazu, wann immer der Bedarf entsteht, und man wird sich auf Sie verlassen.

➤ Sie blühen in Situationen auf, die andere als »unlösbar« abtun. Je vertrackter die Lage, desto motivierter sind Sie, das Problem zu lösen und für Ordnung zu sorgen – teilen Sie das anderen mit. Es verschafft Ihnen Respekt für Ihr starkes Bestreben, die schwierigen Fälle zu übernehmen, und den Ruf der Zuverlässigkeit.

Zeigen Sie Mitgefühl

➤ Ihre Bereitschaft, bei der Problemlösung aktiv mitzuhelfen, wird sehr geschätzt. Es ist ein Zeichen für Ihre Anteilnahme, dass Sie die Dinge gern in Ordnung bringen wollen. Lösen Sie Probleme, ehe andere sie überhaupt wahrgenommen haben, und informieren Sie sie dann darüber. Das zeigt Ihre Fürsorge und Ihr Engagement.

➤ Wohl am meisten werden Sie gebraucht, wenn Menschen sich aus der Bahn geworfen fühlen. Ihr Instinkt sagt Ihnen, dass Sie zu diesen Menschen gehen und Ihre emotionale Unterstützung anbieten sollten. Seien Sie eine erste Anlaufstelle – stehen Sie Menschen in Notsituationen so schnell wie möglich zur Verfügung, und bieten Sie Unterstützung und Zuneigung an. Sie werden sich immer daran erinnern, dass Sie ihnen über physischen oder seelischen Schmerz hinweggeholfen haben, und werden Sie zu ihren engsten Vertrauten zählen.

Vermitteln Sie Stabilität

➤ Sie haben ein angeborenes Gespür für Umbruchsituationen. Nutzen Sie Ihr Talent zur Wiederherstellung für die Ausarbeitung eines Angriffplans, um ein kränkelndes Projekt, Unternehmen, Geschäft oder Team wiederzubeleben. Man fühlt sich sicherer, wenn man weiß, dass Sie mit der Sache betraut sind.

➤ Nutzen Sie Ihr Talent der Wiederherstellung, um Möglichkeiten der Problemsicherung für Pläne, Systeme und Einsätze auszuarbeiten. Wenn die anderen wissen, dass Sie eine Analyse der Zusammenhänge vorgenommen und Maßnahmen zur Fehlervermeidung ergriffen haben, gibt ihnen das ein sicheres Gefühl.

Erwecken Sie Hoffnung

➤ Setzen Sie Ihre Gabe der Wiederherstellung ein, um derjenige zu sein, der fragt: »Wie schaffen wir es auf die nächste Ebene?« Fertig ist niemals fertig, denn es gibt immer noch Verbesserungsmöglichkeiten. Bieten Sie den Anreiz und die Inspiration für immer höhere Stufen von Leistung und Service.

➤ Achten Sie darauf, dass man nicht glaubt, Sie würden nur Fehler und Schwächen sehen. Loben Sie die Leute für ihre gegenwärtigen Service- und Arbeitsleistungen. Und wenn sie eine Möglichkeit vorschlagen, um sich noch zu verbessern, bestärken Sie sie in ihrem Streben nach Höchstleistung.

Führen von Menschen mit dem Talent der Wiederherstellung

➤ Geben Sie dieser Person eine Position, in der sie für die Problembehandlung Ihrer besten Kunden bezahlt wird. Sie liebt die Herausforderung, Hindernisse zu entdecken und zu beseitigen.

➤ Wenn diese Person ein Problem gelöst hat, sollten Sie die Leistung angemessen loben. Jeder korrigierte Fehler ist ein Erfolg für sie, und sie wünscht sich, dass Sie das ebenso sehen. Machen Sie ihr deutlich, dass man sich auf ihre Fähigkeit der Problemlösung und der Wiederherstellung verlässt.

➤ Fragen Sie diese Person, wie sie sich gern verbessern möchte. Vereinbaren Sie, dass diese Fortschritte das Ziel für die nächsten sechs Monate sein sollten. Sie schätzt diese Art von Aufmerksamkeit und Präzision.

Führen mit Selbstbewusstsein (Self-Assurance)

Menschen mit dem Talentthema Selbstbewusstsein vertrauen ihrer Fähigkeit, ihr eigenes Leben in den Griff zu bekommen. Sie verfügen über einen inneren Kompass, der ihnen die Zuversicht gibt, dass sie die richtigen Entscheidungen treffen.

Bauen Sie Vertrauen auf

➤ Überraschen Sie andere, indem Sie die Fehler, Irrtümer und Fehlentscheidungen zugeben, die Ihnen in der Vergangenheit unterlaufen sind. Man wird nicht erwarten, dass jemand mit solchem Selbstvertrauen so bereit ist, seine Fehler zu enthüllen. Doch tatsächlich war es die Bekämpfung Ihrer Fehler, die Ihnen die Gewissheit verliehen hat, dass Sie jeder nur denkbaren Herausforderung gewachsen sind. Zeigen Sie Ihre Verwundbarkeit und dass diese die Quelle Ihrer Stärke ist. Das überzeugt andere von Ihrer Authentizität.

➤ Machen Sie keinen Hehl daraus, dass Sie bei Entscheidungen manchmal Furcht empfinden. Es ist nicht so, als hielten Sie Entscheidungen nicht für beängstigend – aber Sie fragen sich einfach: »Wer, wenn nicht ich?« Sobald Sie die bestmöglichen Informationen zusammengetragen haben, wissen Sie, dass es Zeit ist zu handeln. Wenn andere einen besseren Einblick in Ihre Methoden der Entscheidungsfindung bekommen, können sie erkennen, dass Sie wirklich vertrauenswürdig sind.

Zeigen Sie Mitgefühl

➤ Manche Menschen fühlen sich von Ihrer Selbstsicherheit angezogen; mit Ihrem eigenen starken Ego stützen Sie auch das der anderen. Diese unterschätzen womöglich ihre eigenen Fähigkeiten, gute Entscheidungen zu treffen, stabile Beziehungen aufzubauen oder Erfolge zu erzielen. Ihr Glaubensgrundsatz lautet: »Natürlich können Sie das!« Sie erinnern sich viel besser an die Erfolge anderer Menschen als an deren Scheitern und können sie sich mühelos mit allen Details ins Gedächtnis rufen. Mit einem motivierenden, unterstützenden Freund wie Ihnen an der Seite können sie den Versuch wagen.

➤ Sie sind zweifellos unabhängig und selbstgenügsam – und doch brauchen Sie das Gefühl, Zuneigung zu geben und zu empfangen. Schließlich sind Sie auch nur ein Mensch. Wenn Sie eine Beziehung aufbauen, überlegen Sie, was Sie zum Leben eines anderen beitragen können. Und überlegen Sie, was er wiederum zu Ihrem beitragen kann. Wenn Sie niemanden brauchen, wie sollen sich dann die wichtigen Menschen in Ihrem Leben ausreichend gewürdigt fühlen? Denken Sie darüber nach, wie andere Ihr Leben glücklicher und erfüllter machen, und sagen Sie es ihnen. Erklären Sie ihnen, dass Sie sie brauchen. Und sagen Sie ihnen auch warum.

Vermitteln Sie Stabilität

➤ Selbstvertrauen besitzen Sie genug. Berichten Sie von vergangenen Erfolgen, damit anderen bewusst wird, dass Ihr Selbstvertrauen auf Erfahrungen basiert. Das wirkt auf sie beruhigend, wenn Sie ein hohes Ziel anvisieren und sagen: »Wir schaffen das.«

➤ »Wenn man muss, dann kann man auch.« Verwenden Sie diese Worte, um anderen klarzumachen, dass sie die Kraft und die Mittel haben, um das Verlangte zu leisten, wenn es keine andere Wahl gibt. Untätigkeit ist keine Option. Die einzige Möglichkeit ist es, anhand der verfügbaren Fakten die beste Entscheidung zu treffen und sich voranzubewegen.

➤ Wenn Sie vor einer neuen Aufgabe oder Herausforderung stehen, erwägen Sie sorgfältig die Talente, Qualifikationen und

Kenntnisse, die sie erfordert. Stellen Sie ein stabiles Team zusammen, und richten Sie sich darauf ein, das Steuer einem anderen zu übergeben, wenn Ihre Fähigkeiten für diese Rolle nicht die richtigen sind. Die Leute werden es zu schätzen wissen, dass Sie sich einem Fachmann unterordnen können und ihre Mitarbeiter nur in den besten Händen wissen wollen. Es freut sie und gibt ihnen Sicherheit.

Erwecken Sie Hoffnung

➤ Setzen Sie ehrgeizige Ziele. Zögern Sie nicht, das anzustreben, was andere für undurchführbar und unmöglich halten – was Sie jedoch lediglich kühn und aufregend nennen, und mit einer Portion Mut und etwas Glück als durchaus erreichbar aufzeigen. Ihre Gabe des Selbstbewusstseins kann Sie, Ihre Familie, Ihre Kollegen und Ihr Unternehmen Dinge erreichen lassen, die sie sich sonst niemals hätten vorstellen können.

➤ Fragen Sie andere, ob sie ihre Ziele hoch genug gesteckt haben. Sie wagen es vielleicht nicht, so kühn zu träumen wie Sie. Wenn Sie Ihren Beitrag zu einer größeren Erfolgserwartung leisten, als andere sich im Moment vorstellen können, können Sie damit steilere Karrieren fördern.

Führen von Menschen mit starkem Selbstbewusstsein

➤ Geben Sie dieser Person eine Position, bei der Beharrlichkeit über den Erfolg entscheidet. Sie hat genügend Selbstvertrauen, um auch unter Druck auf dem einmal eingeschlagenen Kurs zu bleiben.

➤ Wählen Sie für diese Person eine Stellung, die eine Aura der Sicherheit und Stabilität erfordert. In kritischen Momenten kann sie ihre Kollegen und Kunden durch ihr natürlich selbstbewusstes Auftreten beruhigen.

➤ Unterstützen Sie das handlungsorientierte Selbstverständnis dieser Person. Stärken Sie es mit Kommentaren wie »Es liegt in Ihrer Hand. Sie setzen das durch,« oder »Was sagt Ihnen Ihre Intuition? Vertrauen Sie Ihrem Bauchgefühl.«

➤ Sie müssen berücksichtigen, dass sich diese Person eventuell in der Lage fühlt, Dinge anzupacken, die sich nicht mit ihren tatsächlichen Begabungen decken.

➤ Wenn diese Person weitere Talentthemen in den Bereichen Zukunftsorientierung, Fokus, Bedeutsamkeit oder Arrangeur hat, könnte sie sich potenziell als Führungskraft für Ihr Unternehmen eignen.

Führen mit Bedeutsamkeit (Significance)

Menschen mit dem Talentthema Bedeutsamkeit möchten in den Augen anderer als sehr wichtig gelten. Sie sind unabhängig und wünschen sich Anerkennung.

Bauen Sie Vertrauen auf

➤ Zeigen Sie Ihren Wunsch, große Ziele zu erreichen. Sagen Sie ganz offen, was Sie motiviert, und bitten Sie die anderen um dasselbe. Das führt zu gegenseitigem Vertrauen.

➤ Ihr Einfluss auf Ihre Umwelt ist praktisch vollständig davon abhängig, wie viele Menschen an Sie als Führungskraft glauben. Bleiben Sie sich selbst immer treu, vor und hinter den Kulissen, dann wird man Ihre Authentizität wahrnehmen.

Zeigen Sie Mitgefühl

➤ Sie haben meist ehrgeizigere Ziele als die anderen. Auf dem langen, steilen Weg nach ganz oben sollten Sie sich selbst und andere belohnen, indem Sie markante Zwischenziele anerkennen und feiern. Rufen Sie sich immer wieder die Bedeutsamkeit des Ziels und die Wichtigkeit des Beitrags jedes Einzelnen dazu ins Gedächtnis. Sagen Sie den anderen, was für wertvolle Partner sie in diesem Unternehmen sind, und verstärken Sie diese Worte, indem Sie ihren Beitrag zum Erfolg anerkennen. Wenn Ihre Partnerschaft erfolgreich ist, kann sie lange andauern.

➤ Beifall, Anerkennung und Bestätigung eines geschätzten Publikums spornen Sie zu immer höheren Leistungen an. Wessen Wertschätzung liegt Ihnen am meisten am Herzen? Die eines Elternteils, die ihrer Geschwister, eines Lehrers, eines Vorgesetzten? Oder einer anderen für Sie bedeutsamen Person? Haben Sie ihr gesagt, wie entscheidend ihre Anerkennung für Ihre gesamte Existenz ist? Lassen Sie sie wissen, wie wichtig Ihnen ihre Ansichten sind. Teilen Sie die entscheidenden Momente mit ihr. Sorgen Sie dafür, dass sie die Kraft ihrer Wahrnehmung und die wichtige Rolle erkennt, die sie für Ihre Motivation und in Ihrem Leben spielt.

Vermitteln Sie Stabilität

➤ Es ist Ihnen wichtig, anhaltende Impulse zu geben. Sie wollen etwas schaffen, das über den Augenblick hinausreicht. Zeigen Sie auch anderen Menschen diesen Wunsch. Machen Sie ihnen deutlich, dass sie nicht nach momentanem Ruhm streben, sondern eine langfristige Vision verfolgen. Man kann besser damit umgehen, wenn man weiß, wie groß Ihr Engagement ist.

➤ Beim Führen bedeutender Teams oder entscheidender Projekte erbringen Sie Höchstleistungen. Ihre Motivation ist am stärksten, wenn es auch die Gewinnaussichten sind. Machen Sie anderen klar, dass Sie am Ball sein möchten, wenn das Spiel vor der wichtigen Entscheidung steht. Es ist angenehm für sie, dass Sie genügend Selbstvertrauen besitzen, um große Risiken einzugehen und die Verantwortung auf Ihre Schultern zu laden.

Erwecken Sie Hoffnung

➤ Sie denken viel über die Wichtigkeit dessen nach, was Sie erreichen wollen, und was das für die Gegenwart ebenso wie für die Zukunft bedeutet. Helfen Sie auch anderen, über ihr Vermächtnis nachzudenken. Fragen Sie sie, worum es ihnen geht. Wofür wollen sie geachtet werden? Was möchten sie der Nachwelt hinterlassen? Geben Sie ihnen eine Vision, die über den Augenblick hinausreicht, und helfen Sie ihnen, die täglichen Entscheidungen zu bewerten.

➤ Ihr Talent der Bedeutsamkeit bringt Sie oft ins Rampenlicht. Nutzen Sie diese Gelegenheiten, anderen Personen positive Aufmerksamkeit zukommen zu lassen. Ihre Fähigkeit, anderen als Vorbild zu dienen und sie zum Erfolg zu führen, ist vielleicht der beste Weg zu Ihrer eigenen Bedeutsamkeit.

Führen von Menschen mit dem Talentthema Bedeutsamkeit

➤ Sorgen Sie dafür, dass diese Person aus den richtigen Gründen im Vordergrund steht, sonst wird sie selbst dafür sorgen, und das möglicherweise nicht in angemessener Weise.

➤ Geben Sie dieser Person eine Position, in der sie mit glaubwürdigen, produktiven, professionellen Menschen zusammenarbeiten kann. Sie umgibt sich gern mit den Besten.

➤ Ermuntern Sie diese Person, andere Höchstleister in ihrem Team zu loben. Es macht ihr Freude, anderen ein Gefühl des Erfolgs zu geben.

➤ Wenn diese Person sich herausragende Leistungen zum Ziel setzt – und das wird sie –, helfen Sie ihr, die Stärken zu bestimmen, die sie zur Erreichung dieses Ziels entwickeln muss. Wenn Sie sie coachen, bitten Sie sie nicht, ihre Ansprüche zu reduzieren, sondern schlagen Sie ihr stattdessen vor, sich Vergleichsmaßstäbe für die Entwicklung der relevanten Fähigkeiten zu setzen.

➤ Da diese Person großen Wert auf eine Beurteilung durch andere legt, kann ihr Selbstwertgefühl leiden, wenn man ihr nicht die verdiente Anerkennung gibt. Richten Sie in solchen Fällen ihr Augenmerk wieder auf ihre Stärken, und ermutigen Sie sie, ihre neuen Ziele darauf aufzubauen. Diese Ziele werden ihr neuen Schwung verleihen.

Führen mit Strategie
(Strategic)

Menschen mit dem Talentthema Strategie schaffen alternative Vorgehensweisen. In jedem beliebigen Szenario entdecken sie rasch die relevanten Muster und Kernpunkte.

Bauen Sie Vertrauen auf

➤ Wenn es um Entscheidungsfindung geht, diskutieren Sie die Optionen offen und gründlich mit den Betroffenen. Helfen Sie ihnen zu vertrauen, dass Sie alle Alternativen untersuchen und dann auf die optimale Lösung hinarbeiten.

➤ Seien Sie sich Ihrer eigenen Vorurteile bewusst. Wägen Sie Möglichkeiten objektiv ab, oder lassen Sie sich von persönlichen Wünschen und Ihrer eigenen Bequemlichkeit beeinflussen? Schenken Sie jeder Option die gebührende Beachtung. Suchen Sie die Unterstützung eines klugen Partners, um sicherzustellen, dass Sie Ihre Entscheidungen aus den richtigen Gründen treffen. Man wird Ihre Integrität und Ihren Wunsch nach Objektivität respektieren.

Zeigen Sie Mitgefühl

➤ Wenden Sie Ihr strategisches Denken auch auf Ihre Beziehungen an. Machen Sie eine Liste der Menschen, die in Ihrem Leben den positivsten Einfluss auf Sie haben, und denken Sie dann über spezifische Maßnahmen nach, um in jede dieser Beziehungen noch mehr Zeit und Sorgfalt zu investieren.

➤ Welche Ziele haben Sie für Ihre Familie? Für enge Freunde? Was sind deren Ziele? Wenden Sie Ihre Begabung für strategisches Denken auch auf diese Ihnen nahestehenden Menschen an. Hat einer von ihnen einen Traum, sieht aber nur Hindernisse? Hat einer von ihnen das Gefühl, in einer ausweglosen Situation festzusitzen? Sie können anderen Menschen dabei helfen, einen steinigen Pfad zu umgehen, indem Sie ihnen Alternativrouten aufzeigen. Beweisen Sie Ihre Anteilnahme, indem Sie ihnen beim Entdecken der Möglichkeiten helfen.

Vermitteln Sie Stabilität

➤ Nehmen Sie sich Zeit, um die Strategien zu studieren, die von Ihnen respektierte oder bewunderte erfolgreiche Führungskräfte angewendet haben. Der Input entspricht dem Output; die Erkenntnisse, die Sie zusammentragen, werden wahrscheinlich eine anregende und kreative Wirkung auf Ihr eigenes strategisches Denken haben. Vermitteln Sie den anderen, dass Sie nicht in Ihrem eigenen Denken gefangen sind und Ihre Optionen und Entscheidungen durch Recherchen unterstützt werden. Wenn sie sehen, dass Sie eine historische Perspektive und den Rat Außenstehender schätzen, erkennen sie das stabile Fundament, auf dem Ihre Ideen aufgebaut sind.

➤ Manche handeln nur nach der Devise »Das haben wir immer schon so gemacht«, während Sie auch die vielen Möglichkeiten erkennen, die sich auf den weniger ausgetretenen Pfaden bieten. Nehmen Sie sich Zeit, um genau dieses »Was-wäre-Wenn« zu erkunden, und etablieren Sie sich als Vorreiter auf diesem Gebiet. Formulieren Sie Ihre Überzeugung, dass es eher einschränkend als förderlich wirkt, sich nur auf das langfristig Bewährte zu konzentrieren, und machen Sie deutlich, dass alle Optionen sorgfältig erwogen werden. Ihre aufgeschlossene Betrachtungsweise gibt anderen ein Gefühl der Sicherheit, dass Sie immer auf der Suche nach dem besten Weg sind.

Erwecken Sie Hoffnung

➤ Sorgen Sie dafür, dass Sie von Anfang an an neuen Initiativen und Unternehmungen beteiligt sind. Ihr innovativer und gleichzeitig methodischer Ansatz ist entscheidend für den Erfolg und die Entwicklung eines neuen Projekts, denn er schützt seine Initiatoren vor dem Entstehen eines kontraproduktiven Tunnelblicks. Erweitern Sie deren Perspektive, und erhöhen Sie die Erfolgsaussichten.

➤ Ihr strategisches Denken ist notwendig, um eine realistische Vision nicht zu einer bloßen Seifenblase werden zu lassen. Bringen Sie Menschen und Unternehmen dazu, alle denkbaren Wege zur Realisierung einer Vision in Erwägung zu ziehen. Kluge Voraussicht kann Hindernisse beseitigen, ehe sie auftauchen, und spornt andere zum Weitermachen an.

➤ Schaffen Sie sich einen Ruf als Berater für jene, die von einem bestimmten Problem ausgebremst oder durch ein Hindernis aufgehalten werden. Wo andere keinen Ausweg mehr sehen, finden Sie immer eine Lösung, womit Sie ihnen Mut machen und sie zum Erfolg führen können.

Führen von Menschen mit dem Talentthema Strategie

➤ Geben Sie dieser Person eine führende Position in Ihrem Unternehmen. Ihre Fähigkeit, Probleme und deren Lösungen vorherzusehen, ist unschätzbar. Bitten Sie sie, alle Möglichkeiten zu erwägen und dann den besten Weg für Ihre Abteilung zu wählen. Schlagen Sie ihr vor, die effektivste Strategie zurückzumelden.

➤ Würdigen Sie die hohe strategische Begabung dieser Person, indem Sie sie auf einen Lehrgang für strategisches Planen oder für Zukunftsorientierung schicken. Die Lerninhalte werden ihren Ideen Kontur verleihen.

➤ Diese Person kann wahrscheinlich ihre Ideen und Gedanken sehr gut formulieren. Um ihre Gedanken zu konkretisieren, lassen Sie sie ihre Einfälle vor Kollegen präsentieren oder für die interne Verwendung dokumentieren.

Führen mit Kontaktfreudigkeit (Woo)

Menschen mit großer Kontaktfreudigkeit lernen gern neue Leute kennen und gewinnen sie für sich. Es macht ihnen Spaß, das Eis zu brechen und eine Verbindung zu jemandem herzustellen.

Bauen Sie Vertrauen auf

➤ Sie sind der geborene Charmeur. Stellen Sie sicher, dass Sie dabei auch integer bleiben, sodass man Ihnen vertrauen kann, wenn es darauf ankommt. Ansonsten haben Sie vielleicht viele Bekannte, aber keine Fürsprecher.

➤ Häufig geben andere Ihnen schon beim ersten Kennenlernen viel von sich preis. Wie können Sie solche Informationen so sammeln und aufbewahren, dass Ihr Gegenüber spürt, wie viel diese Informationen Ihnen wert sind und dass Sie sie, wenn nötig, für sich behalten? Schaffen Sie sich ein System, um den Kontakt mit wichtigen Leuten aufrechtzuerhalten und wichtige Details Ihrer Gespräche festzuhalten. Lassen Sie Diskretion walten, falls es sich dabei um sensible Daten handelt, damit man Ihnen vertraut und in Kontakt mit Ihnen bleibt.

Zeigen Sie Mitgefühl

➤ Wo immer Sie auftauchen, finden Sie neue Freunde und Anhänger. Es ist wichtig für Sie, dass einige dieser Kontakte zu lang währenden Partnerschaften werden. Denken Sie darüber nach, wie Sie diesen Personen das Gefühl geben können, eine besondere Bindung zu Ihnen zu haben – eine, die über das Maß an schnellem Kontakt hinausgeht, den Sie mit jeder neuen Bekanntschaft knüpfen. Wie können Sie wichtige Beziehungen auf die nächsthöhere Stufe befördern? Nehmen Sie sich die Zeit, darüber nachzudenken.

➤ Führungskräfte bauen fortwährend ihr Netzwerk von Vertrauen, Unterstützung und Kommunikation aus, indem Sie die Kontakte zu einer großen Bandbreite von Menschen pflegen. Wenn sie sich ein Unterstützernetzwerk aufbauen, geben Führungskräfte Impulse über die Schranken von Zeit, Raum und Kultur hinweg. Zeichnen Sie eine Karte Ihres sozialen Netzwerks, um festzulegen, wie weit verzweigt es sein kann, und trotzdem immer noch eine authentische Verbundenheit bestehen bleibt.

Vermitteln Sie Stabilität

➤ Teilen Sie die Breite und Tiefe Ihres Netzwerks mit anderen. Wenn man weiß, dass Sie überall Kontakte haben, vertraut man darauf, dass Sie über die neusten Informationen verfügen und die erhoffte Unterstützung erhalten, wann immer Sie sie brauchen.

➤ Gehen Sie nach draußen, und reden Sie mit Ihren Kunden und Mitbewerbern, oder engagieren Sie sich in Ihrer Gemeinde. Erfolgreiche Führungskräfte glauben nicht, dass ihr Einfluss am Zaun des Unternehmens endet, sondern erkennen das viel größere Netzwerk der Verbundenheit und machen ihren Einfluss darin geltend. Eine große Basis von Unterstützern ermöglicht Unternehmen das Überleben und schafft die Voraussetzungen für ihr Wachstum.

Erwecken Sie Hoffnung

➤ Mit Ihrer Kontaktfreudigkeit beschleunigen Sie den Pulsschlag Ihres Unternehmens. Erkennen Sie die Macht Ihrer Gegenwart und wie Sie einen Ideenaustausch fördern können. Bringen Sie einfach Gespräche in Gang, an denen sich Ihre Mitarbeiter beteiligen, und die talentierte Personen zusammenbringen. So werden Sie die Leistungen des Einzelnen und des gesamten Unternehmens spürbar verbessern.

➤ Ihr ausgiebiges »Meet and Greet« schafft Informationen, die für andere von Wert sind – Informationen von Kunden, Vorgesetzten und Kollegen derjenigen, die Sie unterstützen und leiten wollen. Verbreiten Sie, wo immer Sie können, die guten Dinge, nicht den Klatsch. Lassen Sie andere wissen, was sie gut machen und wie sie wahrgenommen werden. Teilen Sie die Ergebnisse Ihres weitreichenden Einflusses mit ihnen, und geben Sie ihnen Bestätigung, wenn sie erfolgreich einen guten Eindruck hinterlassen.

Führen von Menschen mit großer Kontaktfreudigkeit

➤ Lassen Sie diese Person an der Kontaktschnittstelle zwischen Ihrem Unternehmen und der Umwelt arbeiten.

➤ Helfen Sie dieser Person, ein System zu entwickeln, um sich die Namen ihrer neuen Bekanntschaften zu merken. Setzen Sie ihr das Ziel, die Namen – und jeweils ein paar persönliche Einzelheiten – von möglichst vielen Kunden zu lernen. Sie kann Ihr Unternehmen dabei unterstützen, viele Kontakte am Markt zu knüpfen.

➤ Falls diese Person nicht gleichzeitig das Talentthema Einfühlungsvermögen oder Bindungsfähigkeit besitzt, sollten Sie nicht erwarten, dass sie gern enge Beziehungen zu Ihren Kunden aufbaut. Sie lernt lieber ständig neue Leute kennen, gewinnt diese für sich und stellt sich dann der nächsten Herausforderung.

➤ Aufgrund ihrer ausgeprägten Kontaktfreudigkeit wird diese Person Sie von sich überzeugen und für sich gewinnen. Wenn Sie sie für neue Positionen und Verantwortungen in Betracht ziehen, achten Sie darauf, unabhängig von Ihrer Sympathie ihre wahren Begabungen zu erkennen. Lassen Sie sich von ihrer Kontaktfreudigkeit nicht blenden.

> ➤ Falls möglich, bitten Sie diese Person, in ihrer Umgebung gute Stimmung für Ihr Unternehmen zu machen. Lassen Sie sie bei lokalen Clubs und Veranstaltungen Ihre Firma repräsentieren.

Die Forschung

Die folgenden drei Abschnitte sollen Ihnen einen Überblick über die Forschungsarbeit bieten, die dem Buch *Führungsstärke* zugrunde liegt. Wenn Sie mehr erfahren wollen, besuchen Sie bitte unsere Website www.gallupstrengthscenter.com.

A: Ihre Stärken: Die Forschung zum StrengthsFinder

Dieser Abschnitt ist übernommen aus *Clifton StrengthsFinder 2.0 Technical Report: Development and Validation* von Asplund, Lopez, Hodges und Harter (2007).

Einführung

Der Clifton StrengthsFinder (CSF) ist ein Onlinewerkzeug für die Erfassung persönlicher Talente und identifiziert die Bereiche mit dem größten Potenzial für den Ausbau von Stärken. Indem er die Talentthemen benennt, ist der CSF ein Ausgangspunkt für die Identifizierung spezifischer persönlicher Begabungen, und mit den dazugehörigen Hilfsmaterialien kann man darauf aufbauen, um im Rahmen seiner beruflichen Position Stärken zu entwickeln. In erster Linie wird der CSF zur Evaluation angewendet und setzt einen stärkenbasierten Entwicklungsprozess im beruflichen und akademischen Umfeld in Gang. Als universell verwendbare Beurteilung, die auf der Stärkenpsychologie beruht, wurde er hauptsächlich in Arbeitsumgebungen eingesetzt, aber auch zum besseren Verständnis von Individuen in einer Vielzahl von Rahmenbedingungen – bei Mitarbeitern, Führungsteams, Studenten, Familien und für die persönliche Entwicklung.

Der CFS ist nicht vorgesehen und nicht validiert für den Einsatz in der Personalauswahl oder bei der Untersuchung der psychischen Gesundheit. Da das CSF-Feedback der persönlichen Entwicklung dienen soll, wird von Vergleichen zwischen einzelnen Personenprofilen abgeraten.

Stärkentheorie

Als der Bildungspsychologe Donald O. Clifton die Interviews ausarbeitete, die später die Grundlage für den CSF bilden sollten, fragte er zunächst: »Was wäre, wenn wir einmal das untersuchen, was an Menschen gut ist?« Daraus entwickelte sich eine Philosophie, die Talente als Ausgangspunkt durchgängig herausragender Leistung (Stärke) betrachtete. Genauer gesagt ist die Stärkenphilosophie die Bestätigung, dass Menschen viel mehr erreichen können, wenn sie auf ihren größten Talenten aufbauen, als wenn sie ihre Schwächen zu bekämpfen versuchen (Clifton und Harter, 2003).[35]

Clifton stellte die Hypothese auf, diese Begabungen seien »von Natur aus wiederkehrende Muster von Gedanken, Gefühlen oder Verhalten, die produktiv angewendet werden können« (Hodges und Clifton, 2004, S. 257).[36] »Stärken« sind demnach das Ergebnis optimierter Talente. Genauer gesagt wird eine Stärke kontrolliert erzielt, wenn man seine größten Talente durch Praxis verfeinert und mit erlernten fachbezogenen Qualifikationen und Kenntnissen kombiniert. Der CSF dient dazu, diese Grundbegabungen zu erfassen, die das Fundament für Stärken bilden. Insofern ist der Zweck dieses Instruments die Identifizierung von »Talentthemen«, die als Ausgangspunkt für die Entdeckung von Talenten dienen, die produktiv zur Erzielung von Erfolgen eingesetzt werden können.

Die Entwicklung des Clifton StrengthsFinder

Gallup ist bekannt für seine Meinungsumfragen (Gallup, 2004; Newport, 2004)[37] und Studien zur Personalauswahl (Harter, Hayes

---

[35]   Clifton, D. O. und Harter, J. K. (2003). Strengths investment. In: K.S. Cameron, J. E. Dutton und R. E. Quinn (Hrsg.), *Positive organizational scholarship*, S. 111-121, San Francisco.

[36]   Hodges, T. D. und Clifton, D. O. (2004). Strengths-based development in practice. In: A. Linley und S. Josephs (Hrsg.), *Handbook of positive psychology in practice*, Hoboken.

[37]   Gallup, G. (2004). *The Gallup Poll: Public opinion 2003*, Lanham.

und Schmidt, 2004; Schmidt und Rader, 1999),[38] hat aber auch zahlreiche semistrukturierte Interviews zur Identifizierung von Talent entwickelt, die zur Erzielung positiver Ergebnisse am Arbeitsplatz und in der Schule erweitert und angewendet werden konnten. In den 1990er Jahren entwickelte Gallup unter der Führung von Donald O. Clifton den CSF als objektives Messinstrument persönlicher Talente, das in weniger als einer Stunde online durchgeführt werden konnte. Über 2 Millionen Angestellte und Studenten weltweit haben bis zum Januar 2007 dieses Instrument verwendet.

In seiner 50-jährigen Laufbahn an der University of Nebraska, bei Selection Research Incorporated und bei Gallup erforschte Clifton »Bezugsrahmen« (Clifton, Hollingsworth und Hall, 1952),[39] Lehrer-Schüler-Beziehungen (Dodge und Clifton, 1956),[40] Führung (Clifton, 1970; 1975; 1980)[41] und Erfolg auf einer Reihe von Gebieten im beruflichen und universitären Umfeld (Buckingham und Clifton, 2000; Clifton und Anderson, 2002; Clifton und Nelson, 1992).[42] Seine Studien und seine Praxis fußten auf direkten Beobachtungen, die der Zeit und empirischer Überprüfung standhielten.

Erstens ging er davon aus, dass Talent in beruflichen und akademischen Umgebungen genutzt, erforscht und gewinnbringend eingesetzt werden kann. Talente drücken sich in Lebenserfahrungen aus,

---

Newport, F. (2004). *Polling matters,* New York.

[38] Harter, J. K., Hayes, T. L. und Schmidt, F. L. (2004). *Meta-analytic predictive validity of Gallup Selection Research Instruments* (technischer Bericht), Omaha.
Schmidt, F. L. und Rader, M. (1999). Exploring the boundary conditions for interview validity: Meta-analytic validity findings for a new interview type. *Personnel Psychology,* 52, S. 445–464.

[39] Clifton, D. O., Hollingsworth, F. L. und Hall, W. E. (1952). A projective technique for measuring positive and negative attitudes towards people in a real-life situation. *Journal of Educational Psychology,* 43.

[40] Dodge, G. W. und Clifton, D. O. (1956). Teacher-pupil rapport and student teacher characteristics, *Journal of Educational Psychology,* 47, S. 6.

[41] Clifton, D. O. (März 1970). *The magnificence of management.* Neudruck einer Rede zum 8th Annual Life Agency Management Program, Boston.
Clifton, D. O. (1975). *Interaction is: Where the action is.* Neudruck eines Berichts von Donald O. Clifton, vorgestellt beim Chartered Life Underwriters (CLU) Forum 1972.
Clifton, D. O. (1980). *Varsity Management: A way to increase productivity.* Neudruck einer Rede zum 29th Annual Consumer Credit Insurance Association (CCIA) Program am 24. Juni 1980, Napa.

[42] Buckingham, M. und Clifton, D. O. (2000). *Now, discover your strengths,* New York.
Clifton, D. O und Anderson, E. (2002). *StrengthsQuest: Discover and develop your strengths in academics, career, and beyond,* New York.
Clifton, D. O. und Nelson, P. (1992). *Soar with your strengths,* New York.

die durch Verlangen, schnelles Lernen, Befriedigung und Zeitlosigkeit gekennzeichnet sind. Diese merkmalartigen »Rohmaterialien« gelten als Ergebnis einer normalen, gesunden Entwicklung und als Folge von Erfolgserlebnissen der Kindheit und Jugend. »Stärken« werden als Erweiterung von Begabungen betrachtet. Genauer gesagt verbindet das Konstrukt der Stärke Talente mit den dazugehörigen Kenntnissen und Qualifikationen und wird als die Fähigkeit definiert, bei einer spezifischen Aufgabe regelmäßig nahezu perfekte Leistungen zu erbringen. (Obwohl das Instrument als Clifton StrengthsFinder bezeichnet wird, misst es eigentlich die Talente, die der Entwicklung von Stärken zugrunde liegen.)

Zweitens sah Clifton Erfolg als eng verbunden mit persönlichen Talenten und Stärken, zusätzlich zu der traditionellen Verknüpfung zu analytischer Intelligenz. In Übereinstimmung mit diesen Annahmen erarbeitete er Hunderte von »Talentthemen« (Kategorien) persönlicher Begabung, die beruflichen und akademischen Erfolg versprachen, und er entwickelte auf der Basis empirischer Beobachtungen semistrukturierte Interviews, um diese Talentthemen zu identifizieren. Bei der Entwicklung dieser Interviews untersuchten Clifton und seine Analytiker die vorgegebenen Rollen einer Person (zum Beispiel Student, Verkäufer, Verwaltungsmitarbeiter), besuchten den Arbeitsplatz oder das akademische Umfeld, ermittelten herausragende Leistungsträger in diesen Rollen und Umgebungen und bestimmten die langfristigen Gedanken, Gefühle und Verhaltensweisen, die mit situationsbedingtem Erfolg einhergingen. Viele der so entwickelten Interviews trafen brauchbare Voraussagen zu positiven Resultaten (Schmidt und Rader, 1999).[43] Anschließend wurden die Interviews von Gallup-Analytikern an über 2 Millionen Personen zum Zweck der Personalentwicklung und der Mitarbeiterauswahl ausgegeben. Mitte der 1990er Jahre, als Clifton und seine Kollegen nach einem objektiven Messinstrument für Talent suchten, werteten sie diese Interviews systematisch aus und verwendeten die darin enthaltenen Informationen als Beitrag zu dem

---

[43]   Schmidt, F. L. und Rader, M. (1999). Exploring the boundary conditions for interview validity: Meta-analytic validity findings for a new interview type. *Personnel Psychology*, 52, S. 445-464.

gesammelten Wissens- und Erfahrungsschatz der talentbezogenen Praxis von Gallup.

Die herausragenden Dimensionen und Fakten in Verbindung mit Motivation und Werten in einem Großteil der Interviewforschung regten die Gestaltung eines Instruments an, mit dem diese fortdauernden menschlichen Qualitäten bestimmt werden können. Ein anfänglicher Grundbestand von 5.000 Fragen wurde auf der Grundlage traditioneller Stichhaltigkeit erstellt. In Anbetracht der Vielzahl erfasster Talente sollte dieser Grundbestand umfangreich und vielfältig sein.

Daraus wurde im Folgenden ein kleinerer Bestand abgeleitet, um jede Frage quantitativ auf ihre Funktionsfähigkeit zu überprüfen und die Repräsentativität der Talentthemen sowie der Fragen innerhalb dieser Talentthemen inhaltlich zu überprüfen (mit speziellem Augenmerk auf die Validität der gesamten Bewertung). Insbesondere wurden aus einem Bestand von über 100 prädiktiven kriterienbezogenen Validitätsstudien Daten herangezogen, um die Fragenpaare zu evaluieren (Schmidt und Rader, 1999).[44] Faktoren- und Verlässlichkeitsanalysen wurden anhand zahlreicher Proben durchgeführt, um den Beitrag einzelner Fragen zur Messung von Talentthemen sowie die Einheitlichkeit und Stabilität der Talentpunktzahlen zu erfassen – wodurch eine Ausgewogenheit von optimalem Informationsgehalt der Talente und Effizienz im Hinblick auf die Länge des Instruments erzielt wurde. Während der Entwicklungsphase wurden an einer Reihe von Fragengruppen Pilottests vorgenommen. Die Fragen mit den besten psychometrischen Eigenschaften (einschließlich ihrer Übereinstimmung mit dem Talentthema) wurden beibehalten.

Im Jahr 1999 wurde eine Version des CSF mit 35 Talentthemen herausgegeben. Nach einigen Monaten der Datenerhebung wurde das Instrument von den Forschern überarbeitet, und auf der Grundlage von Einzigartigkeit und Redundanz der Talentthemen entschieden sie sich für 180 Fragen und 34 Talentthemen. Seit 1999 wurden

---

[44] Ibid.

einige der Bezeichnungen für die Talentthemen verändert, aber ihre jeweiligen Beschreibungen sind weitestgehend gleich geblieben.

Heutzutage ist der CSF in 24 Sprachen verfügbar und kann für Menschen mit Behinderungen modifiziert werden. Er wurde von über 2 Millionen Personen weltweit durchgeführt. Er eignet sich für die Anwendung bei Heranwachsenden und Erwachsenen mit einem Lesekompetenzniveau von 10 und höher. Im Jahr 2006 unternahmen die Gallup-Wissenschaftler eine umfassende Prüfung der CSF-Psychometrie, was zu einigen Überarbeitungen des Instruments führte. Bestätigende Untersuchungen (die in einem der folgenden Abschnitte vorgestellt werden) validieren die Struktur der 34 Talentthemen sowohl für Erwachsene als auch für Schüler. Bei der Durchsicht von über 1 Million Fällen in unterschiedlichsten Untersuchungen wurden einige mögliche Verbesserungen der Aussagekraft und Zuverlässigkeit von Talentthemen identifiziert. Einige dieser Verbesserungen umfassten die Neubewertung bestehender Fragen, während andere das Hinzufügen neuer Fragen erforderten. Diese Fragen wurden aus dem Gallup-Datenbestand talentbezogener Fragen sowie aus der Forschungserfahrung beim Aufbau strukturierter Interviews und beim Vermitteln von Feedback bezogen. Schließlich handelte es sich auch um Fragen, die in der 180-Item-Version des CSF enthalten gewesen, aber nie bei der Talentbewertung berücksichtigt worden waren.

Eine gründliche Überprüfung jeder einzelnen dieser Fragen erwies, dass viele davon sowohl als vorgegebene Fehlantworten wie auch für die Talentbewertung überflüssig waren. Aus diesem Grund wurden sie entfernt. Das Ergebnis all dieser Veränderungen war eine geringfügige Verkürzung des Instruments von 180 auf 177 Fragen.

Gallup-Forscher und andere Wissenschaftler haben mit einer Reihe von Untersuchungen dazu beigetragen, dass der CSF kontinuierlich verlässlich, valide und sowohl auf die allgemeine Bevölkerung als auch insbesondere auf Studenten an Universitäten anwendbar blieb. Zu den jüngsten Studien gehören:

Bestätigende Studien:

➤ Sireci (University of Massachusetts): n = 10.000

➤ Lopez (University of Kansas), Hodges (Gallup), Harter (Gallup): n = 601.049

➤ Asplund (Gallup): n = 110.438

➤ Asplund: n = 250.000

➤ Asplund: n = 472.850

Verlässlichkeitsstudien:

➤ Schreiner (Azusa Pacific): n = 438

➤ Lopez, Harter, Hodges: n = 706

➤ Asplund: n = 110.438

➤ Asplund: n = 250.000

➤ Asplund: n = 472.850

Andere Stichhaltigkeitsstudien:

➤ Lopez, Hodges, Harter: n = 297

➤ Schreiner: n = 438

➤ Stone (Harvard): n = 278

Nützlichkeitsstudien:

➤ Asplund: n = 90.000 Mitarbeiter in über 900 Geschäftseinheiten

➤ diverse zusätzliche Fallstudien

Jede dieser Studien für sich bestätigt die anhaltende Anwendbarkeit des CSF. Und was noch wichtiger ist: Die gesamte Beweiskraft all dieser Arbeiten wirkt zusammen im Hinblick auf die psychometrischen Eigenschaften des CSF sowie auf die Details seiner Validität.

Ungeachtet der Bestätigung durch diese Studien stellten die Gallup-Forscher einige Bereiche fest, in denen der CSF psychometrisch verbessert werden konnte. Insbesondere wurde beobachtet, dass einige der Fragen verbessert, entfernt oder ersetzt werden konnten. In einem ersten logischen Schritt zur Verbesserung der Psychometrie untersuchten die Gallup-Wissenschaftler eingehend jede nicht bewertete Aussage, um herauszufinden, ob sie für eine bessere Leistung der Beurteilung verwendet werden konnte. Unbewertete Aussagen, die nicht verwendbar waren, wurden nach Möglichkeit entfernt. (Einige der unbewerteten Aussagen wurden mit einer bewerteten Aussage paarweise verknüpft und blieben daher davon unberührt.)

Anwendung und Feedback

Das Feedback schwankt in Abhängigkeit von den Gründen, aus denen jemand den CSF anwendet. Zusammenfassende Auswertungen werden den Befragten nicht zur Verfügung gestellt. In den meisten Fällen erhält der Befragte einen Bericht, der seine fünf stärksten Talentbereiche auflistet – diejenigen, in denen die Person die höchsten Punktzahlen erreicht hat, in der Reihenfolge ihrer Bewertung, die bereits erwähnten Talentthemen. In anderen Fällen kann der Befragte seine Rangordnung aller 34 Talente gemeinsam mit den »Aktionspunkten« für jedes Talent in einem persönlichen Feedbackgespräch mit einem Gallup-Berater durchgehen oder in einem gegebenenfalls von einem Gallup-Berater moderierten Teammeeting mit seinen Kollegen.

Bei Programmen, die einer auf Stärken beruhenden Entwicklung dienen, wird das Feedback oftmals begleitet von Empfehlungen, erfahrungsorientiertem Lernen und Mentoring, was dazu beitragen soll, dass Menschen das Beste aus ihren Talenten machen (zum Beispiel

Stärken in Verbindung mit ihrer beruflichen oder akademischen Position weiterzuentwickeln). Bestandteil dieser Weiterentwicklung des CSF ist eine neue, detaillierte Form von Feedback: eine Talentbeschreibung, die über die Top-Talentthemen hinausgeht, indem sie die Querverbindung auf der Fragenebene betrachtet. Diese »Stärkeneinblicke« bieten dem Befragten eine stärker maßgeschneiderte Version des Top-Talent-Berichts und beleuchten intensiver die Nuancen seiner Einzigartigkeit, indem sie über 5.000 neue personalisierte Stärkeneinblicke verwenden, die Gallup-Forscher während der letzten Jahre entdeckt haben. Dieses Feedback, das sowohl auf den Talenten als auch auf den einzelnen Fragen basiert, beschreibt noch eingehender die besondere Kombination von Querverbindungen, die der Teilnehmer mitbringt.

Anwendung: Stärkenorientierte Entwicklung

Häufig wird der CSF als Ausgangspunkt für die Selbstentdeckung in den stärkenorientierten Entwicklungsprogrammen von Gallup verwendet. Nachdem ein Befragter das Online-Assesment absolviert und ein Stärkenfeedback erhalten hat, wird eine Reihe von Entwicklungsvorschlägen auf seine individuellen Top-Talentthemen und auf seine berufliche Position zugeschnitten, um ihm zu ermöglichen, seine Begabungen in ein klareres Selbstbild zu integrieren. Mit der Erreichung von Identifikations- und Integrationsstufen der Stärkenentwicklung geht auch eine Verhaltensänderung einher. Speziell der stärkenorientierte Entwicklungsprozess ermutigt Personen, ihre Stärken durch den Erwerb von Qualifikationen (das heißt grundlegender Fähigkeiten) und Kenntnissen (das heißt Wissen einschließlich Fakten und Rückschlüssen aus Erfahrungen) aufzubauen, die ihre größten Talente bei der Bewältigung spezifischer Aufgaben ergänzen können.

Sinn und Zweck des CSF ist es, die Entwicklung und das Wachstum der Persönlichkeit zu fördern. Er wird genutzt als Grundlage für Diskussionen mit Vorgesetzten, Freunden, Kollegen und Beratern und als Mittel zur Selbsterkenntnis. Die CSF-Ergebnisse werden als vorläufige Hypothesen betrachtet, die der Befragte für sich einordnen soll. Dementsprechend bildet das Feedback zu Talenten und Stärkenentwicklung oft die Basis für weitere Maßnahmen, mit denen Individuen ihre größten Talente nutzen und zur Bewältigung neuer Herausforderungen einsetzen können. Für diese Anwendung sind die psychometrischen Eigenschaften des Instruments mehr als angemessen.

B: Ihr Team: Die Gallup-Forschung zur emotionalen Mitarbeiterbindung

Für weitere Informationen zur emotionalen Mitarbeiterbindung in Ihrem Unternehmen empfehlen wir die populären Managementbücher *First, Break All the Rules* und *12: The Elements of Great Managing*, die sich mit diesem Thema beschäftigen. Wenn Sie detailliertere oder wissenschaftliche Informationen über diesen Bereich haben möchten, nehmen Sie bitte Kontakt zu Gallup auf oder ziehen Sie die folgende Quelle zu Rate:

Harter, J. K., Schmidt, F. L. und Hayes, T. L. (2002). Business-unit-level relationship between employee satisfaction, employee engagement, and business outcomes: A meta-analysis. *Journal of Applied Psychology*, 87 (2), S. 268–279.

Nachdem unsere Kollegen bei Gallup Millionen von ausführlichen Umfragen geführt und die Ergebnisse mit Daten zu Produktivität, Umsatz und vielen anderen leistungsbezogenen Ergebnissen verglichen haben, identifizierten sie im Jahr 1999 zwölf Kernelemente, die die emotionale Mitarbeiterbindung unternehmensinterner Arbeitsteams messen. Ob Sie fünf oder 500 Leute führen, es erfordert immer Zeit für die grundlegenden Dinge, wenn Sie Ihr *unmittelbares* Team zusammenstellen wollen. Selbst wenn Sie Hunderte von Menschen unter sich haben, gibt es vermutlich ein kleineres Team, das von Ihnen tägliche Führung und Anleitung erwartet. Für diese Gruppe sind jene zwölf Elemente die besten Prädiktoren für emotionale Mitarbeiterbindung und die daraus folgenden Unternehmensergebnisse. Und zum größten Teil liegen sie im Rahmen dessen, was der Vorgesetzte oder die Führungskraft, die am engsten mit den Angestellten zusammenarbeitet, kontrollieren und unmittelbar beeinflussen kann.

Wenn es also um Ihr direktes Team geht, können Sie davon ausgehen, dass dessen Mitglieder stärker emotional gebunden sind, sofern sie mit diesen zwölf Punkten stark übereinstimmen:

1. Ich weiß, was bei der Arbeit von mir erwartet wird.

2. Ich habe die Materialien und die Arbeitsmittel, um meine Arbeit richtig zu machen.

3. Ich habe bei der Arbeit jeden Tag die Gelegenheit, das zu tun, was ich am besten kann.

4. Ich habe in den letzten sieben Tagen für gute Arbeit Anerkennung oder Lob bekommen.

5. Mein Vorgesetzter/Meine Vorgesetzte oder eine andere Person bei der Arbeit interessiert sich für mich als Mensch.

6. Bei der Arbeit gibt es jemanden, der mich in meiner Entwicklung fördert.

7. Bei der Arbeit scheinen meine Meinungen zu zählen.

8. Die Ziele und die Unternehmensphilosophie meiner Firma geben mir das Gefühl, dass meine Arbeit wichtig ist.

9. Meine Kollegen/Kolleginnen haben einen inneren Antrieb, Arbeit von hoher Qualität zu leisten.

10. Ich habe einen sehr guten Freund/eine sehr gute Freundin innerhalb der Firma.

11. Innerhalb der letzten sechs Monate hat jemand in der Firma mit mir über meine Fortschritte gesprochen.

12. Während des letzten Jahres hatte ich bei der Arbeit die Gelegenheit, Neues zu lernen und mich weiterzuentwickeln.

Einige dieser Elemente mögen außerhalb Ihres Einflussbereichs liegen, aber Sie können die emotionale Mitarbeiterbindung Ihres unmittelbaren Teams deutlich verbessern, wenn Sie mit diesen zwölf Grundbedingungen anfangen. Das Entscheidende ist, alle sechs bis zwölf Monate die Antworten Ihres Teams auf diese zwölf Aussagen zu erfassen und Ihren Fortschritt zu verfolgen, um sicherzustellen, dass Sie Ihr Bestes tun, um Ihre direkten Mitarbeiter emotional zu binden.

Vor Kurzem haben wir noch einige weitere Aussagen abgefragt, um zu bestimmen, ob eine Führungskraft, die eher abseits vom Tagesgeschäft arbeitet (zum Beispiel ein CEO oder ein Geschäftsführer), einen sich stufenförmig ausbreitenden Einfluss auf die Mitarbeiter des gesamten Unternehmens nehmen kann, egal wie viele Hierarchieebenen es gibt. Nachdem wir all diese Aussagen überprüft hatten, konnten wir sie auf drei entscheidende herunterbrechen, welche die besten Prädiktoren für die wesentlichen Firmenergebnisse zu sein schienen:

1. Die Führungskräfte meines Unternehmens behandeln mich stets mit Respekt.

2. Ich habe Vertrauen in die finanzielle Zukunft meines Unternehmens.

3. Die Führungskräfte meines Unternehmens begeistern mich für die Zukunft.

Wir haben diese Aussagen verwendet, um Mitarbeiter in verschiedenen Branchen und Ländern zu befragen. Wir führten auch nationale Umfragen durch, um die Effektivität dieser unternehmerischen Führungsaussagen zu überprüfen. Diese drei globaleren, sich auseinander ergebenden Aussagen im Zusammenspiel mit den zwölf Kernelementen ermöglichen uns festzustellen, was eine Führungskraft beeinflussen kann und was nicht. Auf der Grundlage unserer früheren Studien spekulierten viele unserer Kollegen, dass es »nur um die engsten Mitarbeiter« gehe – und verwarfen dabei die Annahme, dass ein CEO auch Einfluss auf jemanden »an vorderster

Front« eines großen Unternehmens haben kann, zumindest auf eine Art, die wir messen können.

Doch wir waren in der Lage, einen solchen Einfluss zu erkennen und zu messen, einen Einfluss, der über die Varianzen hinausgeht, die man mit dem Engagement auf Teamebene erklären könnte. Als wir zum Beispiel untersuchten, wie hoch die Wahrscheinlichkeit ist, dass Mitarbeiter die Produkte ihres Unternehmens weiterempfehlen, fanden wir heraus, dass nur 56 Prozent der Befragten die Produkte der eigenen Firma einem Freund empfehlen würden. Als wir hoch emotional gebundene Mitarbeiter untersuchten, stieg die Zahl auf 86 Prozent. Und als wir uns dann mit Mitarbeitern beschäftigten, die sowohl hoch emotional gebunden waren als auch deutlich mit diesen drei Führungsaussagen übereinstimmten, waren es 95 Prozent, die ihre Unternehmensprodukte empfehlen würden.

Emotionale Mitarbeiterbindung allein verbessert also diesen Messwert um 30 Prozentpunkte – und wenn Mitarbeiter dann auch noch voll hinter der Unternehmensführung stehen, kommen weitere 9 Prozentpunkte hinzu. Wir haben dies im Verhältnis zu verschiedenen anderen Ergebnissen betrachtet und ähnliche Resultate auf der Ebene des Vorstands entdeckt, wenn die Mitarbeiter deutlich mit allen dreien dieser zentralen Führungsaussagen übereinstimmen. Ähnlich wie bei den zwölf Kernaussagen dauert es wahrscheinlich mehrere Jahre, bis diese Messung unternehmerischer Führung annähernd perfekte Ergebnisse zeigen wird. Aber wenn 50 – oder 500.000 – Menschen unter Ihrer Führung stehen, sind dies die besten Ausgangspunkte, um den Einfluss zu quantifizieren, den Sie auf Ihre Mitarbeiter ausüben.

C: Warum man Führungskräften folgt

Überblick

Es gibt zwar zahllose Studien zum großen Thema Führung, hauptsächlich aus qualitativer Sicht, doch nur selten wurde Führung bisher aus der Perspektive der geführten Mitarbeiter untersucht. Dabei könnte dies für die Millionen von Menschen, die eine Führungsposition anstreben, die wichtigsten Informationen liefern. Diese Studie basiert auf den Ergebnissen von Gallup-Befragungen mit mehr als 10.000 Personen, in denen die Befragten darum gebeten wurden zu beschreiben, was Führungspersönlichkeiten zu ihrem Leben beigesteuert haben.

Methodik

Die Ausgangsdaten wurden anhand von Gallup-Umfragen mit 10.004 erwachsenen (über 18-jährigen) US-Bürgern gewonnen, die zwischen 2005 und 2006 unter Verwendung der Gallup-Standardmethode Random Digital Dial (RDD) vorgenommen wurden. In deutlichem Kontrast zu anderen Führungs-Analysen, die hauptsächlich auf Fallstudien, Interviews, Untersuchungen innerhalb eines Unternehmens oder Stichproben beruhen, ermöglichte uns diese Methodik eine recht repräsentative Auswahl, die sich auf die gesamte Bevölkerung übertragen lässt (mit einer Standardabweichung von plus/minus 1 Prozent im Hinblick auf die Auswahlgröße). Die Umfrage wendete sich an über 18-Jährige, und nicht berufstätige Personen wurden in die Befragung mit einbezogen. Das gab uns die Möglichkeit, Führung auch über die Unternehmensgrenzen hinaus zu untersuchen – Führung auch in sozialen Netzwerken, Schulen, Kirchen und Familien. Für diese Studie wurde eine zweiteilige Frage verwendet (siehe Abbildung 1).

Welche Führungspersönlichkeit hat den positivsten Einfluss auf Ihr tägliches Leben? Nehmen Sie sich ruhig etwas Zeit, um über diese Frage nachzudenken. Sobald Sie sich für jemanden entschieden haben, notieren Sie seine Initialen.

(Der Interviewer notiert sich die Initialen)

Bitte schreiben Sie jetzt drei Wörter auf, die am besten beschreiben, *welchen Beitrag diese Person zu Ihrem Leben leistet.*

a. _____

b. _____

c. _____

Abbildung 1: Die für die Analyse verwendete Ausgangsfrage

Im ersten Teil der Frage wurden die Teilnehmer gebeten, eine spezifische Führungspersönlichkeit zu benennen, wodurch sie diejenige Person angeben mussten, die den positivsten Einfluss auf ihr Leben hat. In der Theorie soll die Bitte an die Befragten, die Initialen einer spezifischen Person zu nennen, es ihnen erleichtern, spezifischere Beiträge im zweiten Teil dieser Frage zu identifizieren. Wichtig war die Verwendung des Wortes »positiv«, denn wir wollten uns nicht mit der Untersuchung von Führungskräften beschäftigen, die einen überwiegend negativen Einfluss ausüben. Die letzten drei Wörter der ersten Frage – »Ihr tägliches Leben« – waren entscheidend für die Untersuchung jener Art von Führung, die auf der Grundlage alltäglicher Erfahrungen einen greifbaren und praktischen Unterschied macht. Dadurch unterschied sich diese Frage noch deutlicher von den typischen Fragen »Wen bewundern Sie am meisten?« oder »Wer ist die beste Führungspersönlichkeit, die Sie kennen?«, die in der Vergangenheit von Gallup und anderen gestellt worden waren. Solche Fragen haben oft zum Ergebnis, dass die Teilnehmer große politische, religiöse oder sportliche Berühmtheiten nennen.

Nachdem die Befragten die Führungspersönlichkeit identifiziert hatten, die sie im Sinn hatten, baten die Gallup-Interviewer sie, drei Wörter zu nennen, die »am besten beschreiben, was diese Person zu Ihrem Leben beiträgt«. Wichtig ist, dass der Fokus darauf liegt, was die *Führungskraft* zum Leben des »*Geführten*« beiträgt. Auch hier haben sich traditionelle Studien auf die Qualitäten der Führungspersönlichkeit selbst konzentriert und hätten hier nach Beschreibungen des Führungsstils gefragt. Im Gegensatz dazu soll die Frage in dieser Studie benennen, was die Führungskraft dem »Geführten« gibt, was eine ganz andere Frage ist. Und was vielleicht am wichtigsten ist: Da in der Gallup-Umfrage nur nach drei Wörtern pro Person gefragt wurde, konnten die Inhalte dieser Befragungen wesentlich leichter analysiert werden, insbesondere im Vergleich zu offeneren Fragen.

Die Antworten wurden in eine einzige Excel-Datei eingepflegt, um sie zu bereinigen und zu kodieren. Zunächst wurde die Rechtschreibhilfe von Excel verwendet, um Rechtschreibfehler in den Antworten aufzuspüren und zu korrigieren. In einigen Fällen wurde auch das Merriam-Webster Online Dictionary eingesetzt, um Schreibfehler zu berichtigen. Als Nächstes wurden alle Doppelnennungen einzelner Befragter identifiziert und aus der Antwortdatei entfernt. Anschließend wurden diejenigen Fälle aufgespürt, in denen die Befragten mehr als ein Wort pro Antwort angegeben hatten. Wenn feststand, dass die zusätzlichen Wörter eigene Konzepte ausdrückten, wurden sie ausgesondert und als zusätzliche Antworten gewertet. Zum Schluss wurden alle Antworten, die unverständlich waren oder als nicht erteilte Antwort betrachtet werden konnten, identifiziert und entsprechend kodiert.

Nachdem die Bereinigung und Kodierung der Antworten abgeschlossen war, wurden die Daten gewichtet, um repräsentativer für die US-amerikanische Bevölkerung zu sein, und die Antworten jedes Befragten wurden einer Worthäufigkeitsanalyse unterzogen. Die Nennungen für jede einzelne Antwort wurden von der größten bis zur geringsten Häufigkeit in eine Rangfolge gebracht, um eine Gruppe am häufigsten erwähnter Wörter zu identifizieren, die am besten beschreiben, was Führungskräfte im Alltag zum Leben der Befragten beitragen.

Ergebnisse und zukünftige Studien

Die ursprünglichen Ergebnisse dieser Studie werden im Teil III dieses Buches vorgestellt. Auf der Grundlage unserer Ausgangsuntersuchung von 10.004 Personen ergaben sich die folgenden Schlüsselthemen (oder Grundbedürfnisse):

➤ **Vertrauen** (andere von den Befragten verwendete Wörter sind *Ehrlichkeit, Integrität* und *Respekt*)

➤ **Mitgefühl** (andere von den Befragten verwendete Wörter sind *Fürsorge, Freundschaft, Glück* und *Liebe*)

➤ **Stabilität** (andere von den Befragten verwendete Wörter sind *Sicherheit, Stärke, Unterstützung* und *Frieden*)

➤ **Hoffnung** (andere von den Befragten verwendete Wörter sind *Richtungsweisung, Glaube* und *Führung*)

Bei der Auswertung der Studie, die auf den ursprünglichen in Abbildung 1 dargestellten Fragen beruhte, fanden wir heraus, dass 85 Prozent der Befragten jemanden auswählten, den sie als Freund, Familienmitglied, Kollegen, Lehrer oder derzeitigen/unmittelbaren Vorgesetzten beschrieben. In der Mehrheit der Fälle handelte es sich bei der Führungspersönlichkeit, die den größten Einfluss hatte, um jemanden, der den Befragten sehr nahestand.

Zudem nannten die Befragten Führungskräfte, die sie bereits seit Langem kannten. Eine andere Frage dieser Studie lautete: »Wie lange kennen Sie diese Person?«, und die häufigste Antwort war *10 Jahre*. Mehr als 75 Prozent der von uns befragten Personen nannten jemanden, den sie seit sechs oder mehr Jahren kannten, und 90 Prozent gaben an, die Person seit drei oder mehr Jahren zu kennen.

Um herauszufinden, ob Mitarbeiter ähnliche Bedürfnisse haben, wenn es um höherrangige Unternehmens- und globale Führungskräfte geht, führten wir im Jahr 2008 eine weitere Studie durch. Dafür befragten wir weitere 10.000 erwachsene (über 18-jährige) US-Amerikaner und verwendeten die Gallup-Standardmethode Random Digit

Dial (RDD). Diesmal modifizierten wir die Formulierung der Frage und fragten die Teilnehmer spezifisch nach einer »Unternehmensführungspersönlichkeit« und einer »globalen Führungspersönlichkeit«. Wir entfernten auch das Wort »täglich«, um klarzustellen, dass es bei diesen neuen Fragen um ein anderes Führungsniveau ging. Für die nachfolgende Frage verwendeten wir dieselbe Formulierung und baten um drei Wörter, die am besten beschreiben, was diese Person zum Leben des Befragten beiträgt (siehe Abbildung 2 und 3).

Nachdem wir die Antworten auf diese modifizierten Fragen ausgewertet hatten, stellten wir zu unserer Überraschung fest, dass sich nur sehr wenig geändert hatte. Die Reihenfolge der Wörter im Bereich Mitgefühl war gegenüber der ursprünglichen Studie leicht verändert (das heißt, ein geringerer Anteil der Befragten verwendete das Wort »Fürsorge«, während ein größerer Anteil das Wort »Mitgefühl« verwendete). Doch insgesamt ergaben sich mit bemerkenswerter Einheitlichkeit dieselben Kategorien und Wörter.

Die nächste Phase dieser Studie (die derzeit in Arbeit ist) wird die zentrale Forschungsfrage in verschiedenen Ländern weltweit untersuchen. Zum Zeitpunkt des Erscheinens dieses Buches liefen Studien mit über 1.000 Erwachsenen – unter Verwendung der Gallup-Standardmethode RDD – in folgenden Ländern:

> ➤ Australien

> ➤ Brasilien

> ➤ Kanada

> ➤ China

> ➤ Indien

> ➤ Japan

> ➤ Neuseeland

> ➤ Singapur

> ➤ Thailand

Welche Unternehmensführungspersönlichkeit hat den positivsten Einfluss auf Ihr Leben? Nehmen Sie sich ruhig etwas Zeit, um über diese Frage nachzudenken. Sobald Sie sich für jemanden entschieden haben, notieren Sie seine Initialen.

(Der Interviewer notiert sich die Initialen)

Bitte schreiben Sie jetzt drei Wörter auf, die am besten beschreiben, *welchen Beitrag diese Person zu Ihrem Leben leistet.*

a. _____

b. _____

c. _____

Abbildung 2: Die für die Analyse verwendete zweite (Unternehmens-) Frage

Welche globale Führungspersönlichkeit hat den positivsten Einfluss auf Ihr Leben? Nehmen Sie sich ruhig etwas Zeit, um über diese Frage nachzudenken. Sobald Sie sich für jemanden entschieden haben, notieren Sie seine Initialen.

(Der Interviewer notiert sich die Initialen)

Bitte schreiben Sie jetzt drei Wörter auf, die am besten beschreiben, *welchen Beitrag diese Person zu Ihrem Leben leistet.*

a. _____

b. _____

c. _____

Abbildung 3: Die für die Analyse verwendete dritte (globale) Frage

Wir haben eine vorläufige Auswertung des Datenmaterials aus den überwiegend englischsprachigen Ländern Australien, Kanada und Neuseeland vorgenommen, bei dem eine Übersetzung der Antworten auf »Bitte nennen Sie drei Wörter« nicht nötig war. Auf der Grundlage dieser ersten Auswertung scheint es, dass die Befragten in diesen drei Ländern eine bemerkenswert ähnliche Wortwahl verwenden, um zu beschreiben, was sie von ihren Führungskräften erwarten. Eine gründlichere Analyse wird vorgenommen, sobald die Ergebnisse aus einigen weiteren Ländern vorliegen. Wir haben die Absicht, diese Erkenntnisse auf der Gallup-Website zu veröffentlichen und zukünftigen internationalen Auflagen dieses Buches hinzuzufügen.

Erfahren Sie mehr über Führungsstärke

Gallup Consulting bietet Unternehmen eine große Bandbreite von Dienstleistungen zum Thema Führungsstärke, darunter:

➤ Führungskräfte-Entwicklungsprogramme

➤ Führungskräfte-Beurteilung

➤ Teambildung

➤ Führungskräfte Coaching

➤ Nachfolgeplanung

Weitere Informationen erhalten Sie per E-Mail unter SBL@gallup.com.

Entwickeln Sie Ihre Stärken weiter...

Sie haben den StrengthsFinder erfolgreich durchlaufen und sich mit Ihrem Top 5-Stärken vertraut gemacht? Und wollen nun noch mehr über Ihre weiteren Stärken erfahren bzw. einen Blick auf Ihr persönliches Stärkenprofil mit allen 34 Stärken werfen?

Dann besuchen Sie unsere Webseite https://www.gallupstrengthscenter.com/home/de-DE/Index

Wenn Sie sich nun mit Ihren Zugangsdaten über »Anmelden« einloggen, können Sie Ihr persönliches Stärkenprofil gegen Aufpreis jederzeit upgraden und so Vollzugriff auf Ihre Berichte und umfassende Informationen zu allen 34 Stärken erhalten.

Danksagung

Das Gallup-Institut erforscht seit über 70 Jahren das menschliche Verhalten und berät seit mehr als vier Jahrzehnten Führungskräfte im Unternehmensumfeld. Im Laufe der Jahre haben Hunderte von hervorragenden Wissenschaftlern und Berater für Mitarbeiterführung zu diesem kollektiven Grundwissen beigetragen. Auch während wir an diesem Buch schreiben, arbeiten Gallup-Berater in aller Welt mit Führungskräften zusammen, um die Effektivität ihrer Unternehmen zu verbessern. Das vorliegende Buch entstand durch die Arbeit des folgenden Teams von Experten, die ihr Leben zum großen Teil der Erforschung erfolgreicher Führungskräfte gewidmet haben:

Vandana Allman, Jim Asplund, Dana Baugh, Cheryl Beamer, Brian Brim, Jim Clifton, Tonya Fredstrom, Andrew Green, Christy Hammer, Anne Harbison, Jim Harter, Tim Hodges, Rodd Karr, Lalit Khanna, Curt Liesveld, Mary Pat Loos, Rachel Maglinger, Jacque Merritt, Jan Miller, Jane Miller, Laura Mussman, Peter Ong, Connie Rath, Tony Rutigliano, Rosemary Travis, Paula Walker, Stosh Walsh und Damian Welch.

Außer diesem Team von Experten zum Thema Mitarbeiterführung haben viele weitere den Inhalt dieses Buches und der begleitenden Website geformt. Unser Verlagsteam, angeführt von den Gurus der Wirtschaftsliteratur Larry Edmond und Piotrek Juszkiewicz, spornte uns immer wieder an, eine noch bessere Geschichte zu erzählen. Anschließend wurde das Manuskript unzählige Male von unseren Weltklasse-Herausgebern Geoff Brewer und Kelly Henry überarbeitet, während sie uns nebenbei lehrten, wie man ein effektiverer Autor wird. Die folgenden Mitglieder unseres Kernteams verbrachten unzählige Stunden mit den Recherchen, den Inhalten und der Technologie, die Bestandteile von *Strengths-Based Leadership* wurden: Samantha Allemang, Sangeeta Badal, Jason Carr, Swati Jain, Trista Kunce, Emily Meyer und Joy Murphy.

Abgesehen von diesem Kernteam möchten wir allen danken, die Entwürfe dieses Buches bearbeitet haben, dem Team, das die Website erstellt hat, unserer Forschungsgruppe und insbesondere den vielen kritischen Freunden unter unseren Kunden, die uns in unserer Mission und Wissenschaft bestätigt und viele unserer Studienobjekte gestellt haben. Ohne diese großartigen Partner wäre das Buch nicht möglich gewesen. Und allen Führungskräften, die uns ihre Zeit geschenkt haben, gebührt unsere tiefste Dankbarkeit.

Die Autoren

Tom Rath

Der ehemalige Chef von Gallup Global Practice Tom Rath hat zwei internationale Nummer-eins-Bestseller geschrieben. Sein erstes Buch, *How Full Is Your Bucket?*, erreichte Platz eins auf der Bestsellerliste der *New York Times*, und sein jüngstes Buch, *Entwickle deine Stärken*, führt dauerhaft die Bestsellerlisten des *Wall Street Journal* und der *BusinessWeek* an. Insgesamt verkauften sich Raths Bücher über 1 Million Mal und tauchten mehr als 100 Mal in der Bestsellerliste des *Wall Street Journal* auf.

Rath arbeitete bei Gallup in der Arbeitsplatzforschung und der Führungsberatung. Außerdem sitzt er im Vorstand von VHL.org, einer Organisation für die Krebsforschung und die Unterstützung von Patienten.

Rath machte seine Abschlüsse an der University of Michigan und an der University of Pennsylvania. Mit seiner Frau Ashley lebt er in Washington, D.C.

Barry Conchie

Als renommierter Berater für Führungskräfte wird der Gallup-Mitarbeiter Barry Conchie weltweit von CEOs konsultiert, um ihnen bei der Ausarbeitung von leistungsfördernden Geschäfts- und Talentstrategien zu helfen. Als Experte für die Beurteilung von Führungskräften, für Teamdiagnostik und Nachfolgeplanung trägt er mit objektiven Bewertungen und Einsichten zu diesen wichtigen Führungsbereichen bei.

Ehe Conchie bei Gallup in London anfing, arbeitete er als Führungskraft im öffentlichen Dienst Großbritanniens. Im Jahr 2002 brachte er seine umfassende weltweite Erfahrung in der Gallup-Zentrale in Washington, D.C. ein, wo er jetzt die Abteilung für Führungs-Beratung leitet.

Mit seiner Frau Nicola und seinen Kindern Amy und Thomas wohnt er in Maryland.

Durch die Decke denken

Design Thinking ist eine Innovations-
methode – und zugleich eine Manage-
ment-Philosophie. Design Thinker spüren Bedürfnisse auf, die der Markt noch
nicht bedient. Sie schaffen Produkte,
die Kunden fesseln. Und sie verändern
die Zusammenarbeit in Organisationen
grundlegend. Design Thinking löst kleine Probleme im Unternehmensalltag
systematisch, kollektiv und effizient.
Auf Führungsebene bietet der Ansatz
die Chance, das Management selbst
neu zu erfinden.

Der Managementberater Dr. Jürgen Er-
beldinger und der brand eins-Journa-
list Thomas Ramge stellen die innova-
tive Methode vor. Sie belegen mit vielen
Beispielen, wie Design Thinking Unternehmen vorangebracht hat.

Prof. Dr. Erik Spiekermann, einer der
bekanntesten Typografen der Welt,
hat den Text illustriert und in eine in-
novative Form gebracht. Herausge-
kommen ist ein Buch einer neuen Art:
grafisch schön, verständlich und mit
praktischem Nutzen für alle, die Neues
schneller in die Welt bringen wollen.

224 Seiten
Broschur
24,99 € (D)
ISBN 978-3-86881-479-8

www.redline-verlag.de

REDLINE | VERLAG

UZMO – denken mit dem Stift

Visual Facilitating heißt ein Trendthema, das aus den USA nach Europa herüberschwappt: Mit einfachen Skizzen werden Dialoge, Ideen und komplexe Sachverhalte in Echtzeit visualisiert. Dies ist der erste umfassende Praxisratgeber für Visual Facilitating im deutschen Sprachraum. Anschaulich zeigt der Autor, wie und in welchen Bereichen sich diese visuelle Sprache in der Praxis anwenden lässt. Zahlreiche praktische Zeichenanleitungen machen die Methode für jedermann umsetzbar. Jeder kann Ideen, Prozesse und abstrakte Zusammenhänge in Meetings, Trainings oder Präsentationen von Hand sichtbar machen! Visual Facilitating ist kein lustiges Add-on zur Auflockerung von Konferenzen, sondern macht komplizierte Zusammenhänge begreifbar.

Übrigens: Was ist »UZMO«? Das ist der Code, mit dem jeder aus vier Buchstaben ruckzuck eine wirkungsvolle Glühbirne zeichnen kann. Ganz ohne Kunstausbildung. Eben typisch Visual Facilitating.

228 Seiten
Broschur
24,99 € (D)
ISBN 978-3-86881-517-7

www.redline-verlag.de

REDLINE | VERLAG

STRENGTHSFINDER

Dies ist Ihr persönlicher Zugangcode: N3S7Z4W3K9K6

Gehen Sie ins Internet zur Adresse:
https://www.gallupstrengthscenter.com/Register/de-De/Index

Geben Sie Ihren persönlichen Zugangscode direkt in das Eingabefeld auf der rechten Seite ein und klicken Sie auf »Fortfahren«. Folgen Sie nun einfach den weiteren Anweisungen um den Test zu absolvieren. (Für die Bearbeitung des Profils benötigen Sie einen Internetzugang. Unsere Systeme unterstützen Explorer 7.0 oder höher von Netscape oder AOL.)

Bitte beachten Sie: Das System zeigt Ihnen zu Beginn des StrengthsFinder-Tests ein Muster-Aussagen-Paar an. Erst danach beginnen die Aussagen des eigentlichen Tests zur Erstellung Ihres persönlichen Stärken- und Talentprofils.

Denken Sie daran, dass Sie intuitiv antworten sollten!